# 小学3年生 言葉《ことば》と文法《ぶんぽう》にぐーんと強くなる

## もくじ



## この本の使《つか》い方《かた》

・1回からじゅんに、学習《がくしゅう》しましょう。

・問題《もんだい》に入る前に、まとめコーナーを読みましょう。

・問題《もんだい》は、 1からじゅんにやります。

・答え合わせをして、 点数をつけます。つけ方がわからないときはおうちの方に見てもらいましょう。

・まちがえたところを直して、100点にしたら終《お》わ



※「カタカナ」は、 本来「かたかな」 と表記しますが、本書では 「カタカナ」 と表記しています。

KUMON

# なかまの言葉《ことば》①

とく点

点

## なかまになる言葉《ことば》

言葉《ことば》は、関係《かんけい》のあるもので、なかまに分けることができます。

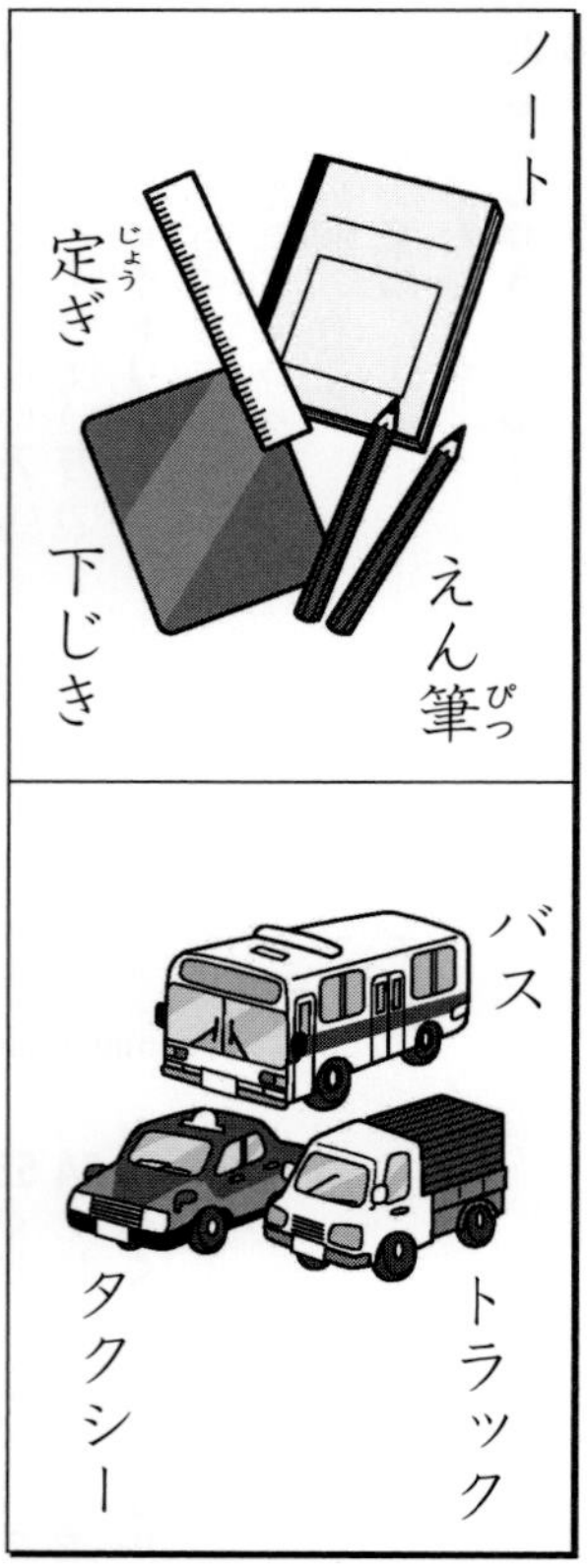


「ノート・えん筆《ぴつ》・定《じょう》ぎ・下じき」は、文《ぶん》ぼう具《ぐ》のなかまです。「バス・トラック・タクシー」は、自動《じどう》車《しゃ》（車）のなかまです。

おぼえよう

● 犬・ねこ・きりん・たぬき・きつね……➡動物《どうぶつ》のなかま
● トマト・にんじん・きゅうり……➡野《や》さいのなかま
● 駅《えき》・デパート・ビル・病院《びょういん》・神社《じんじゃ》……➡たて物《もの》のなかま
● ズボン・ドレス・ワンピース……➡洋服《ようふく》のなかま

1 〔　〕から、なかまでない言葉《ことば》を一つずつえらんで、◯でかこみましょう。（一つ6点）

(1) 〔ねこ・すみれ・さる・うさぎ〕

(2) 〔ピーマン・にんじん・ねぎ・つくえ〕

(3) 〔たぬき・ノート・消《け》しゴム・下じき〕

(4) 〔駅《えき》・デパート・雲・病院《びょういん》〕

(5) 〔ドレス・ピンク・スカート・セーター〕

2 □と同じなかまの言葉《ことば》を、□からえらんで書きましょう。（一つ6点）

(1) バス・トラック・パトカー → （タクシー）

(2) ワンピース・コート・ズボン → （　　　）

(3) 赤・緑《みどり》・黄・黒・ピンク → （　　　）

(4) ぞう・きつね・犬・きりん → （　　　）

(5) 丸・三角・ひし形 → （　　　）

スカート・四角・白
タクシー・ねこ・家

3 （　）に合うなかまの言葉《ことば》を、□からえらんで書きましょう。（一つ8点）

(1) 下じき・（ノート）・定《じょう》ぎ・えん筆《ぴつ》

(2) さんま・（　　　）・金魚・ひらめ

(3) にんじん・なす・（　　　）・ねぎ

(4) （　　　）・病院《びょういん》・駅《えき》・神社《じんじゃ》

(5) ドレス・ワンピース・（　　　）

めだか・トマト・ズボン
ノート・ひし形・デパート

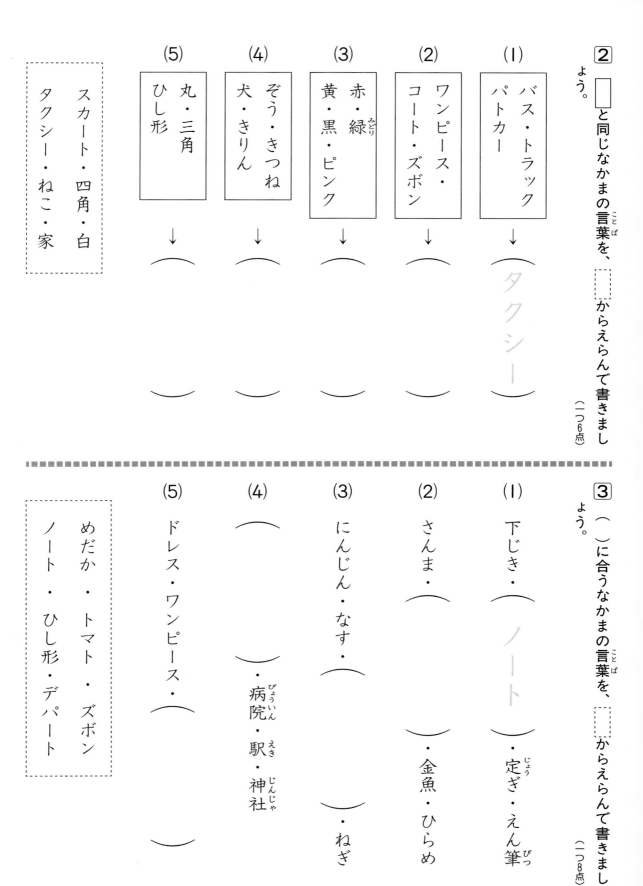

# ② なかまの言葉《ことば》②

## ひとまとめにいう言葉《ことば》

①なかまの言葉《ことば》を、ひとまとめにいう言葉《ことば》があります。

↓ くだもの

おぼえよう

- ちょう・せみ・とんぼ・あり・かぶと虫……→虫
- 白・黒・赤・青・黄・むらさき・ピンク……→色
- すずめ・かも・からす・白鳥・つばめ……→鳥

②まとめていう言葉《ことば》には、意味《いみ》の広いものと、せまいものがあります。

- 食《た》べ物《もの》
  - おかし ― ケーキ・だんご・プリン
  - 野さい ― なす・トマト・きゅうり

「食《た》べ物《もの》」は広い意味《いみ》の言葉《ことば》、「ケーキ」や「なす」などはせまい意味《いみ》の言葉《ことば》です。

**1** □の言葉《ことば》を、ひとまとめにいう言葉《ことば》を、□からえらんで書きましょう。（一つ5点）

(1) ケーキ・だんご プリン・あめ （おかし）

(2) ちょう・せみ とんぼ・ばった （　　）

(3) バス・トラック タクシー （　　）

(4) だいこん・なす きゅうり （　　）

鳥・自動車《じどうしゃ》・野さい
おかし・虫

とく点 点

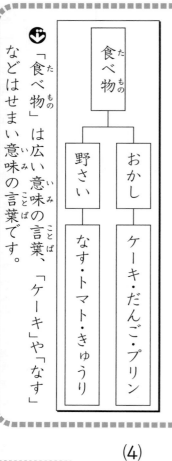

**2** □に合う言葉《ことば》を、□からえらんで書きましょう。（一つ8点）

- 魚
  - 金魚
  - (1) めだか
  - (2)
- (3)
  - りんご
  - みかん
- 文《ぶん》ぼう具《ぐ》
  - えん筆《ぴつ》
  - (4)

くだもの ・ めだか ・ バナナ
さんま ・ ノート

**3** □に合う言葉《ことば》を、□からえらんで書きましょう。（一つ8点）

- 食《た》べ物《もの》
  - くだもの
    - メロン
    - (1) ぶどう
  - (2)
    - トマト
    - (3)
- 生《い》き物《もの》
  - 虫
    - かぶと虫
    - (4)
  - (5)
    - すずめ
    - (6)

鳥 ・ ぶどう ・ 野さい
からす ・ ちょう ・ なす

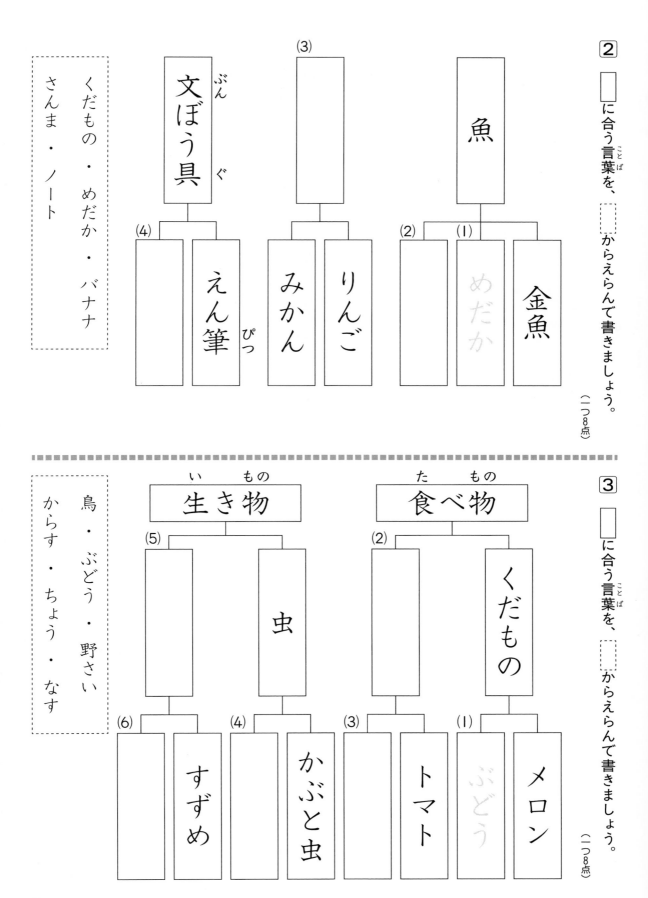

# ③ なかまの言葉《ことば》③

**いろいろな言葉《ことば》**

言葉《ことば》は、同じはたらきをするものに分けることができます。

①ものやものごとを表《あらわ》す言葉《ことば》。

本　ノート　バナナ　勉強《べんきょう》　遠足

②動《うご》きを表《あらわ》す言葉《ことば》。

話す　作る　聞く　書く　返《かえ》す

③様子《ようす》を表《あらわ》す言葉《ことば》。

白い　強い　明るい　少ない　楽しい

**1** □から、ものやものごとを表《あらわ》す言葉《ことば》を一つずつえらんで、○でかこみましょう。（一つ4点）

(1) 走る・学校・白い

(2) 空・大きい・書く

(3) 白い・遠足・走る

(4) 泳《およ》ぐ・寒《さむ》い・長い・本

とく点　　点

2 □から、動《うご》きを表《あらわ》す言葉《ことば》を一つずつえらんで、◯でかこみましょう。（一つ4点）

(1) 魚・黄色い・見る

(2) 読む・自動車《じどうしゃ》・軽《かる》い

(3) 教室・広い・歌う

3 □から、様子《ようす》を表《あらわ》す言葉《ことば》を一つずつえらんで、◯でかこみましょう。（一つ4点）

(1) 雨・歩く・近い

(2) 太い・とぶ・ノート

(3) 話す・勉強《べんきょう》・かたい

4 □の言葉《ことば》を、次《つぎ》の(1)〜(3)に分けて書きましょう。（一つ5点）

(1) ものやものごとを表《あらわ》す言葉《ことば》。

（　　）・（　　）　（　　）・（　　）

(2) 動《うご》きを表《あらわ》す言葉《ことば》。

（　　）・（　　）　（　　）・（　　）

(3) 様子《ようす》を表《あらわ》す言葉《ことば》。

（　　）・（　　）　（　　）・（　　）

小さい・食べる・細かい・木・聞く・言う
学校・わらう・明るい・皿《さら》・風・赤い

# 4 組み合わせた言葉《ことば》①

## 組み合わせた言葉《ことば》

いくつかの言葉《ことば》が組み合わさって、一つの言葉《ことば》になるものがあります。

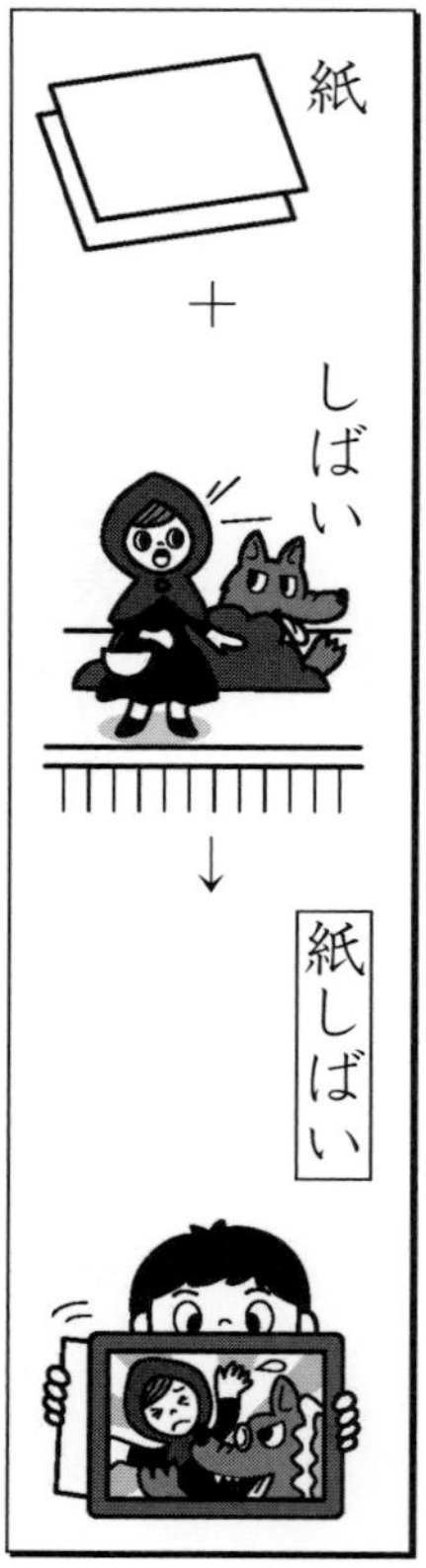


「紙」と「しばい」が組み合わさると、「紙しばい」という言葉《ことば》になります。

**おぼえよう**

- 夏＋休み→夏休み
- 早く＋起《お》きる→早起《はやお》き
- 食べる＋物《もの》→食《た》べ物《もの》
- とぶ＋はねる→とびはねる
- 受《う》ける＋取《と》る→受《う》け取《と》る
- 紙＋人形＋げき→紙人形げき
- 古い＋本→古本

**1** 次《つぎ》の言葉《ことば》を組み合わせて、一つの言葉《ことば》を作りましょう。（一つ3点）

(1) 昼＋休み→昼休み

(2) 赤い＋とんぼ→

(3) 長い＋ズボン→

(4) 近い＋道→

(5) 動《うご》く＋回る→動き回る

(6) 食べる＋終《お》わる→

とく点　　点

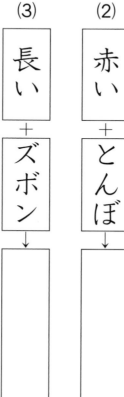

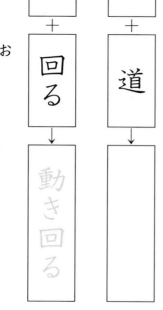

**2** □にあてはまる言葉《ことば》を書きましょう。（一つ6点）

(1) 絵 ＋ 本 → □

(2) おくる ＋ 物《もの》 → おくり物《もの》

(3) 早く ＋ □ → 早起《はやお》き

(4) 指《ゆび》 ＋ 人形 → □

(5) □ ＋ そで → 長そで

(6) □ ＋ 回る → 走り回る

(7) とぶ ＋ 上がる → □

**3** 〈　〉の言葉《ことば》を使《つか》って、絵に合う文を作りましょう。（一つ10点）

(1) 〈見上げる〉

高いビルを見上げる。

(2) 〈受《う》け取《と》る〉

(3) 〈とび回る〉

(4) 〈切《き》り取《と》る〉

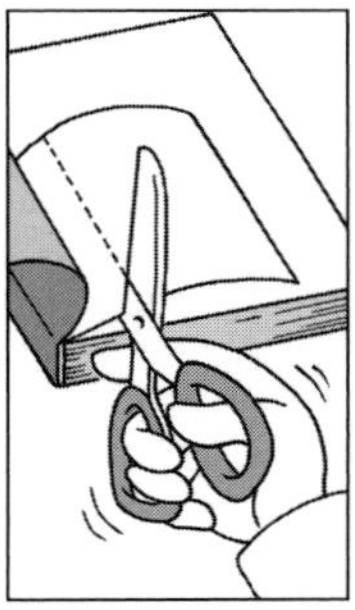

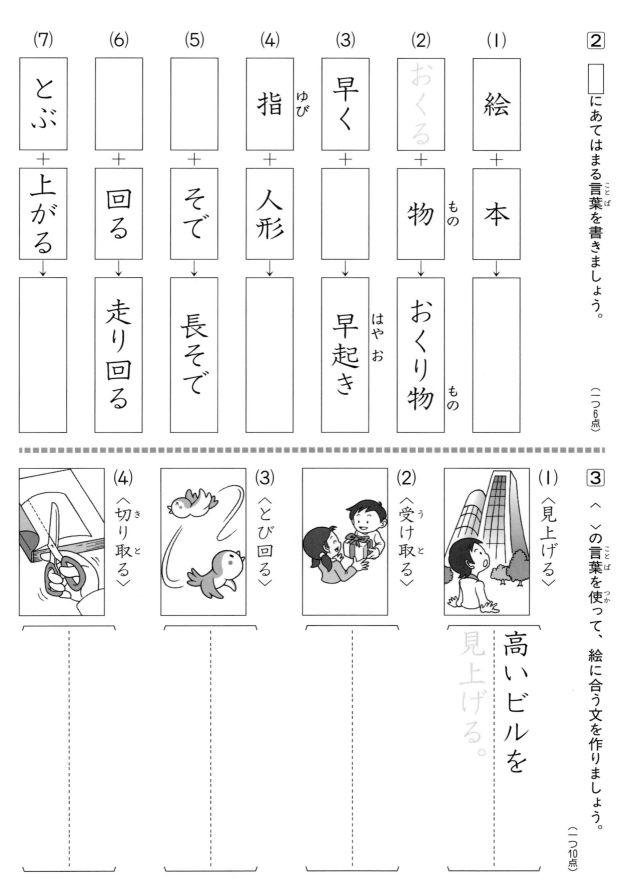

# 5 組み合わせた言葉《ことば》②

## 音《おん》がかわる言葉《ことば》

組み合わさるときに、言葉《ことば》の音《おん》がかわるものがあります。

犬＋こや（小屋）→ ○犬ごや（犬小屋）
×犬こや

「犬」と「こや」を組み合わせると、「こ」がにごって、「ご」になります。

**おぼえよう**

- かい＋から→かいがら（貝がら）
- ながい＋くつ→ながぐつ（長ぐつ）
- むぎ＋はたけ→むぎばたけ（麦畑）
- かね＋もの→かなもの（金物）
- かぜ＋くるま→かざぐるま（風車）
- ふね＋そこ→ふなぞこ（船ぞこ）

**1** 組み合わせた言葉《ことば》で、正しいほうを◯でかこみましょう。（一つ5点）

(1) 雨 ＋ かさ → あまがさ ／ あめがさ

(2) たから ＋ 箱《はこ》 → たからばこ ／ たからはこ

(3) くもり ＋ 空 → くもりそら ／ くもりぞら

(4) 糸 ＋ 車 → いとぐるま ／ いとくるま

(5) 運動《うんどう》 ＋ くつ → うんどうくつ ／ うんどうぐつ

(6) わらう ＋ 顔 → わらいがお ／ わらうかお

とく点　　点

**2** □にあてはまる言葉《ことば》を、ひらがなで書きましょう。（一つ5点）

(1) かね ＋ もの → かなもの

(2) かい ＋ □ → かいがら

(3) □ ＋ くるま → かざぐるま

(4) ながい ＋ くつ → □

(5) わらう ＋ □ → わらいごえ

(6) やま ＋ こや → □

(7) ふで ＋ □ → ふでばこ

**3** 次《つぎ》の言葉《ことば》を組み合わせて、一つの言葉《ことば》を作り、ひらがなで書きましょう。（一つ5点）

(1) 花 ＋ 畑《はたけ》 → はなばたけ

(2) 長い ＋ 話 → □□□□□

(3) ぬける ＋ から → □□□□

(4) 金 ＋ あみ → □□□□

(5) うで ＋ すもう → □□□□□

(6) 風 ＋ 向《む》き → □□□□

(7) なく ＋ 顔 → □□□□

# ⑥ ふくしゅうドリル①

1 □の言葉《ことば》を、ひとまとめにいう言葉《ことば》を、[ ]からえらんで書きましょう。（一つ4点）

(1) かぶと虫・はち
あり・とんぼ
（　　　）

(2) チョコレート
だんご・ケーキ
（　　　）

(3) ダンプカー
タクシー・バス
（　　　）

(4) トマト・なす
はくさい・ねぎ
（　　　）

おかし・野さい・自動車《じどうしゃ》
虫・文《ぶん》ぼう具《ぐ》

2 [ ]の言葉《ことば》を、次《つぎ》の(1)〜(3)に分けて書きましょう。（一つ4点）

(1) ものやものごとを表《あらわ》す言葉《ことば》。
（　　　）・（　　　）

(2) 動《うご》きを表《あらわ》す言葉《ことば》。
（　　　）・（　　　）

(3) 様子《ようす》を表《あらわ》す言葉《ことば》。
（　　　）・（　　　）

食べる・明るい・木・書く
風・細かい・聞く・言う

とく点
点

3 □に合う言葉《ことば》を、[ ]からえらんで書きましょう。（一つ4点）

[ バナナ・魚・プリン くだもの・とんぼ・こい ]

食《た》べ物《もの》
- (2) □
  - (3) □ ／ いちご
- おかし
  - (1) □ ／ あめ

生《い》き物《もの》
- (5) □
  - (6) □ ／ めだか
- 虫
  - (4) □ ／ ちょう

4 次《つぎ》の言葉《ことば》を組み合わせて、一つの言葉《ことば》を作り、ひらがなで書きましょう。（一つ4点）

(1) 花＋畑《はたけ》→ □□□□
(2) わらう＋声 → □□□□
(3) ぬける＋から → □□□□
(4) 金＋もの → □□□□
(5) くもり＋空 → □□□□□
(6) たから＋箱《はこ》→ □□□□□
(7) なく＋顔 → □□□□

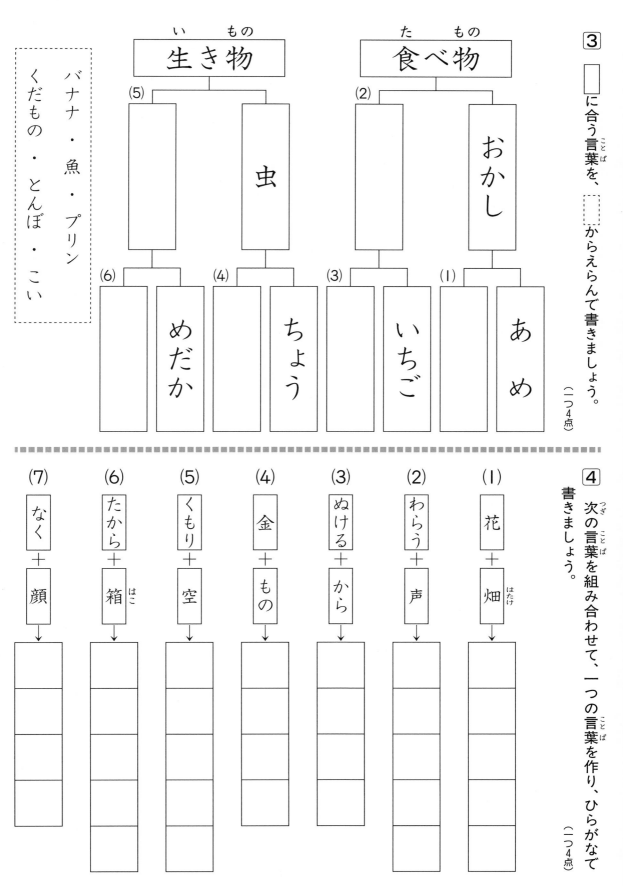

# 7 反対《はんたい》の意味《いみ》の言葉《ことば》①

## 反対《はんたい》の様子《ようす》を表《あらわ》す言葉《ことば》

様子《ようす》を表《あらわ》す言葉《ことば》の中には、反対《はんたい》の意味《いみ》のものがあります。

**おぼえよう**

- 太い木。↔細い木。
- 強い力。↔弱い力。
- 車が多い。↔車が少ない。
- へやが明るい。↔へやが暗《くら》い。
- 重《おも》いかばん。↔軽《かる》いかばん。
- 暑《あつ》いきせつ。↔寒《さむ》いきせつ。

1 □と反対《はんたい》の意味《いみ》の言葉《ことば》を下からえらんで、——でむすびましょう。（一つ5点）

(1) 大きい ・　　・ 短《みじか》い

(2) 長い ・　　・ 小さい

(3) 太い ・　　・ 細い

(4) 多い ・　　・ 暗《くら》い

(5) 強い ・　　・ 少ない

(6) 明るい ・　　・ 弱い

とく点　　点

2 □と反対《はんたい》の意味《いみ》の言葉《ことば》を、□からえらんで書きましょう。（一つ5点）

(1) 細い ↔ （　　）

(2) 早い ↔ （　　）

(3) 寒《さむ》い ↔ （　　）

(4) 古い ↔ （　　）

(5) 近い ↔ （　　）

(6) 広い ↔ （　　）

おそい・遠い・せまい
新しい・太い・暑《あつ》い

---

3 □と反対《はんたい》の意味《いみ》の言葉《ことば》を、（　）に書きましょう。（一つ10点）

(1) じゃんけんが 弱い ↔ 夏の日ざしは（　　）。

(2) 明るい 色の絵《え》の具《ぐ》を使《つか》う。↔（　　）そう庫《こ》の中に入る。

(3) 長い 物語《ものがたり》を読む。↔（　　）時間で食べる。

(4) 木のえだが 細い。↔ 木のみきが（　　）。

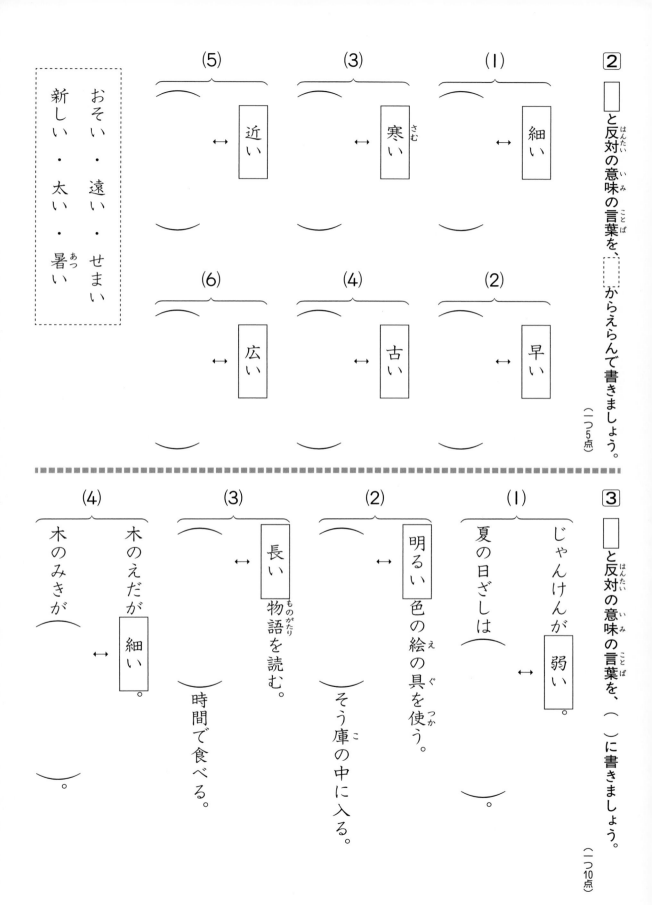

# 8 反対《はんたい》の意味《いみ》の言葉《ことば》②

## 反対《はんたい》のことがらや動《うご》きを表《あらわ》す言葉《ことば》

ことがらや動《うご》きを表《あらわ》す言葉《ことば》の中には、反対《はんたい》の意味《いみ》のものがあります。

①反対《はんたい》のことがらを表《あらわ》す言葉《ことば》。

↕

おぼえよう

- 前の人。↔後ろの人。
- 線の内がわ。↔線の外がわ。

②反対《はんたい》の動《うご》きを表《あらわ》す言葉《ことば》。

↕

おぼえよう

- 本を買う。↔本を売る。
- じゃんけんに勝《か》つ。↔じゃんけんに負《ま》ける。

**1** □と反対《はんたい》の意味《いみ》の言葉《ことば》を下からえらんで、——でむすびましょう。（一つ5点）

(1) 前　・　　・外がわ

(2) 内がわ　・　　・入る

(3) 出る　・　　・後ろ

(4) 買う　・　　・売る

(5) 勝《か》つ　・　　・終《お》わる

(6) 始《はじ》まる　・　　・負《ま》ける

とく点　　点

2 □と反対《はんたい》の意味《いみ》の言葉《ことば》を、□からえらんで書きましょう。（一つ5点）

(1) 出る ↔ （　　）

(2) 来る ↔ （　　）

(3) 上がる ↔ （　　）

(4) 買う ↔ （　　）

(5) 拾《ひろ》う ↔ （　　）

(6) 開《あ》ける ↔ （　　）

入る・下がる・しめる
行く・すてる・売る

3 □と反対《はんたい》の意味《いみ》の言葉《ことば》を、（　）に書きましょう。（一つ10点）

(1) 店で花を売る。 ↔ ノートを（　　）。

(2) ごみくずをすてる。 ↔ あきかんを（　　）。

(3) しあいに負《ま》ける。 ↔ チームが（　　）。

(4) じゅ業《ぎょう》が終《お》わる。 ↔ しあいが（　　）。

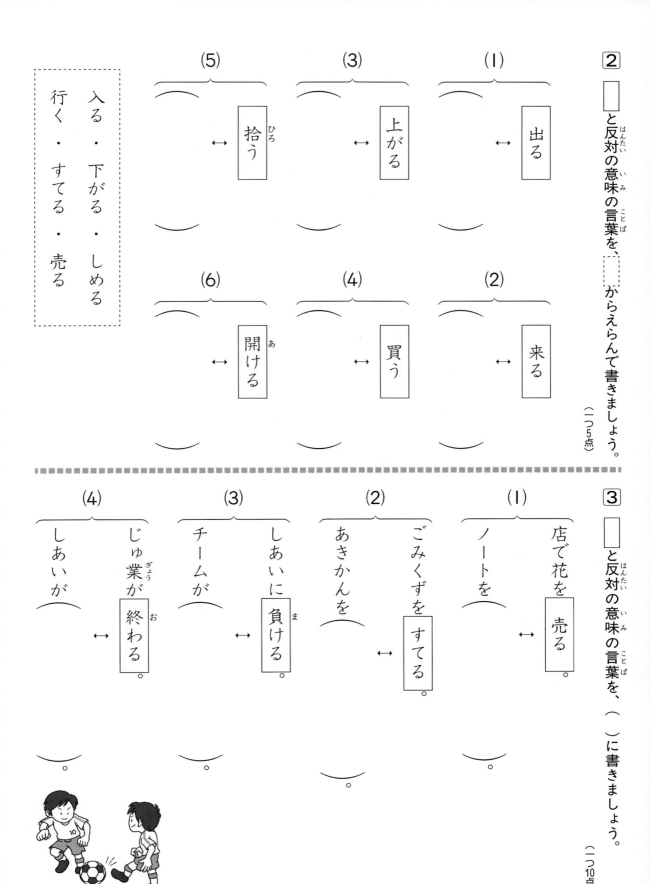

# 9 反対《はんたい》の意味《いみ》の言葉《ことば》③

## いくつかの反対《はんたい》の意味《いみ》

同じ言葉《ことば》でも、反対《はんたい》の意味《いみ》の言葉《ことば》がいくつかあるものがあります。

へいが高い。

↕

へいがひくい。

ねだんが高い。

↕

ねだんが安《やす》い。

使《つか》い方《かた》によって、反対《はんたい》の意味《いみ》の言葉《ことば》がかわります。

**おぼえよう**

- 洋服《ようふく》をぬぐ。↔洋服《ようふく》を着《き》る。
- くつをぬぐ。↔くつをはく。

**1** □と反対《はんたい》の意味《いみ》の言葉《ことば》を、○でかこみましょう。（一つ5点）

(1) せいが高い。　（ひくい）／少ない

(2) ねだんが高い。　ひくい／安《やす》い

(3) シャツをぬぐ。　はく／着《き》る

(4) ズボンをぬぐ。　はく／ふく

(5) 夏はあつい。　寒《さむ》い／つめたい

(6) 本があつい。　寒《さむ》い／うすい

とく点　　点

2 □と反対《はんたい》の意味《いみ》の言葉《ことば》を、□からえらんで書きましょう。（一つ5点）

(1) 身長《しんちょう》が 高い。↔（　　）
(2) ねだんが 高い。↔（　　）
(3) 服《ふく》を ぬぐ。↔（　　）
(4) くつを ぬぐ。↔（　　）
(5) あつい 日がつづく。↔（　　）
(6) 板《いた》が あつい。↔（　　）

安《やす》い・ひくい・寒《さむ》い
着《き》る・うすい・はく

3 □と反対《はんたい》の意味《いみ》の言葉《ことば》を、（　）に書きましょう。（一つ10点）

(1) 高い たて物《もの》が多い。↔（　　）たて物《もの》が多い。
(2) 高い 品物《しなもの》を買う。↔（　　）品物《しなもの》を買う。
(3) セーターを ぬぐ。↔ セーターを（　　）。
(4) くつ下を ぬぐ。↔ くつ下を（　　）。

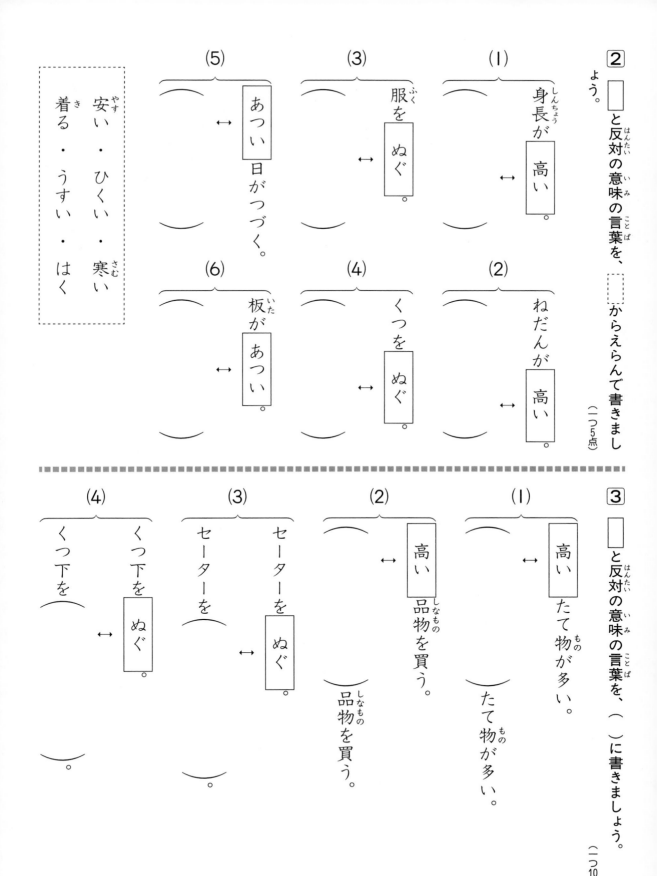

# 10 にた意味《いみ》の言葉《ことば》

## 意味《いみ》がにている言葉《ことば》

言葉《ことば》の中には、にた意味《いみ》を表《あらわ》す言葉《ことば》があります。

わたしが
- 言う。
- しゃべる。
- 話す。

「言う」「しゃべる」「話す」は、にた意味《いみ》の言葉《ことば》です。

おぼえよう

- 見る／ながめる／のぞく
- きれい／美《うつく》しい
- 楽しい／おもしろい
- わらう／にこにこする／にっこりする

- お日さま／太陽《たいよう》／お天とさま

- 暑《あつ》い／あたたかい
- 寒《さむ》い／すずしい

**1** □とにた意味《いみ》の言葉《ことば》を、○でかこみましょう。（一つ4点）

(1) けしきを見る。
- 聞こえる
- ながめる

(2) 先生が話す。
- 言う
- 食べる

(3) 赤ちゃんがわらう。
- びっくりする
- にっこりする

(4) お日さまがのぼる。
- 目
- 太陽《たいよう》

(5) きれいな花がさく。
- 楽しい
- 美《うつく》しい

とく点
点

**2** □とにた意味《いみ》の言葉《ことば》を、⬚からえらんで書きましょう。（一つ10点）

(1) きれい…（　　）

悲《かな》しい・美《うつく》しい・悪《わる》い

(2) 楽しい…（　　）

悲《かな》しい・新しい・うれしい

(3) 暑《あつ》い…（　　）

赤い・あたたかい・すずしい

(4) 寒《さむ》い…（　　）

青い・暑《あつ》い・すずしい

**3** □とにた意味《いみ》の言葉《ことば》を、⬚からえらんで書きましょう。（一つ10点）

(1) 弟が大きな声で［しゃべる］。（　　）

(2) あたりの様子《ようす》を［見る］。（　　）

(3) 休みの日に、母とデパートに［行く］。（　　）

(4) 自転車《じてんしゃ》のハンドルをしっかりと［持《も》つ］。（　　）

かりる・話す・ながめる

にぎる・食べる・出かける

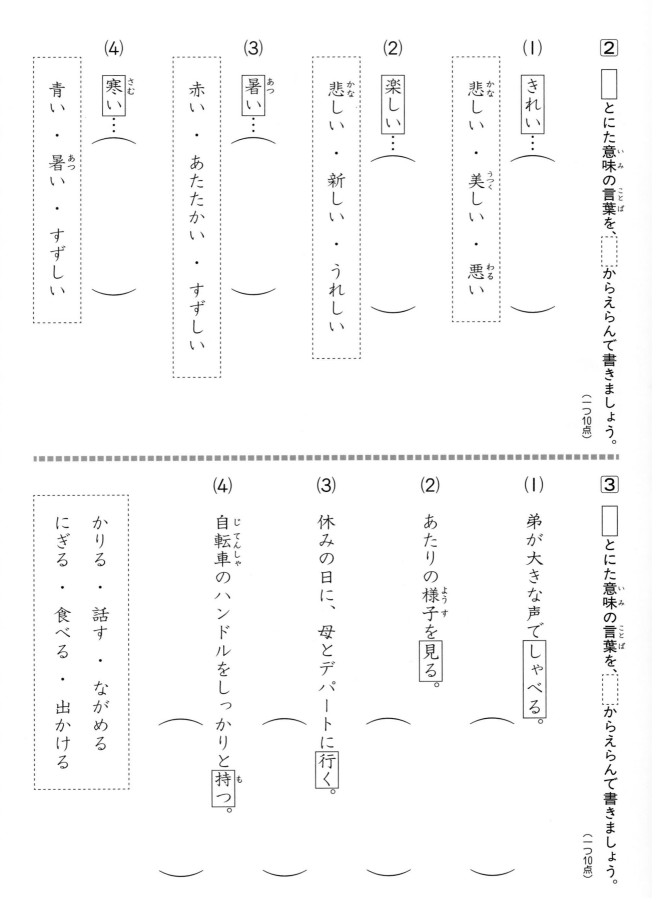

# 11 動《うご》きを表《あらわ》す言葉《ことば》①

**動《うご》きを表《あらわ》す言葉《ことば》**

動《うご》きを表《あらわ》す言葉《ことば》の中には、体の部分《ぶぶん》でする動《うご》きがあります。

「手」でする動《うご》きを表《あらわ》す言葉《ことば》です。

**おぼえよう**

- 歩く・走る・ける・とぶ・はねる↑足
- 話す・よぶ・食べる・飲《の》む・さけぶ↑口
- 見る・ながめる・のぞく・見つめる↑目
- 起《お》きる・立つ・ねる・すわる・しゃがむ↑体全体《ぜんたい》

**1** □でする動《うご》きを、二つずつえらんで、○でかこみましょう。（一つ4点）

(1) 手
持《も》つ・のぞく
話す・にぎる

(2) 足
歩く・ける
見る・さけぶ

(3) 口
見る・食べる
よぶ・とぶ

(4) 目
立つ・ながめる
走る・見つめる

(5) 体全体《ぜんたい》
ねる・のぞく
飲む・起《お》きる

とく点
点

**2** （　）に合う言葉《ことば》を、[　]からえらんで書きましょう。（一つ5点）

(1) 弟がボールを（　　　　）。

投《な》げる・歩く・話す

(2) 水たまりをぴょんと（　　　　）。

見る・とぶ・起《お》きる

(3) 大きな声で名前を（　　　　）。

飲《の》む・走る・よぶ

(4) バスのまどから外を（　　　　）。

にぎる・すわる・ながめる

**3** [　]の言葉《ことば》を使《つか》って、絵に合う文を作りましょう。（一つ10点）

(1)

さけぶ

妹が二階《にかい》から さけぶ。

(2)

はねる

かえるが

(3)

しゃがむ

弟はつかれて、

(4)

見つめる

赤ちゃんが

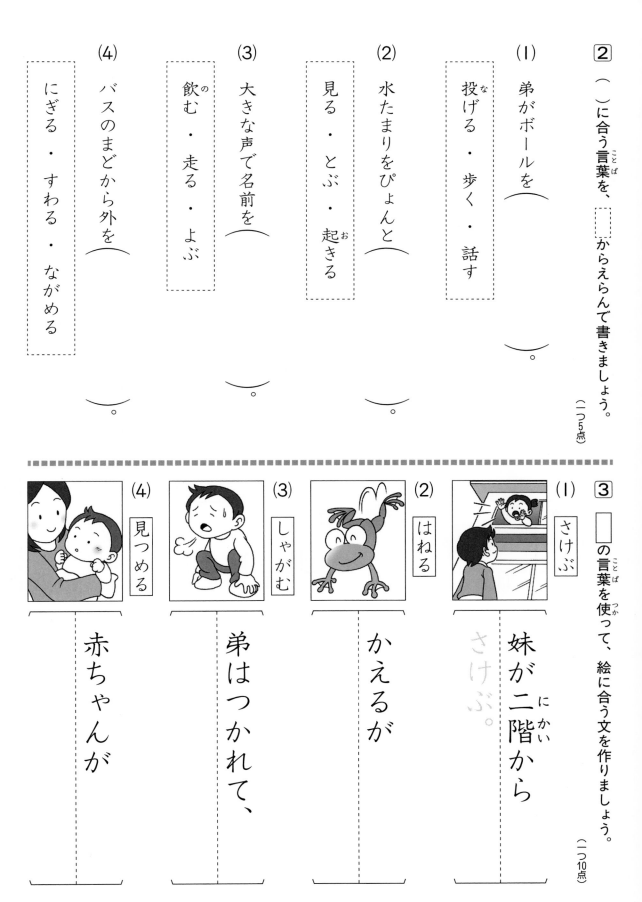

# 12 動《うご》きを表《あらわ》す言葉《ことば》②

## 形のかわる言葉《ことば》

動《うご》きを表《あらわ》す言葉《ことば》は、使《つか》い方《かた》によって言葉《ことば》の形がかわります。

空を［とば］ない。
空を［とび］ます。
空を［とぶ］。
空を［とべ］ば、
空を［とぼ］う。
空を［とん］だ。

**おぼえよう**

● 絵を
- ［かか］ない。
- ［かき］ます。
- ［かく］。
- ［かけ］ば、
- ［かこ］う。
- ［かい］た。

● 道を
- ［走ら］ない。
- ［走り］ます。
- ［走る］。
- ［走れ］ば、
- ［走ろ］う。
- ［走っ］た。

**1** 次《つぎ》の言葉《ことば》を、□に合う形で書きましょう。（一つ4点）

(1) 行く
- 行［か］ない。
- 行［き］ます。
- 行［こ］う。

(2) よぶ
- よ［ば］ない。
- よ［　］ます。
- よ［ん］だ。

(3) 通る
- 通［　］ます。
- 通［　］ば、
- 通［っ］た。

(4) 読む
- 読［　］ない。
- 読［　］ば、
- 読［　］う。

とく点　　点

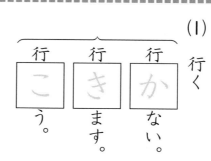

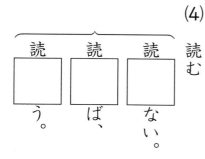

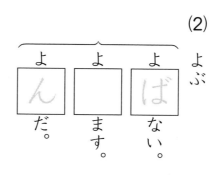

**2** 〈　〉の言葉《ことば》を、文に合う形にかえて、（　）に書きましょう。（一つ4点）

(1) **〈走る〉** ゴールに向《む》かって（　　　）ます。

(2) **〈歩く〉** ろう下は、しずかに（　　　）う。

(3) **〈よぶ〉** 友だちの名前を大声で（　　　）だ。

(4) **〈立つ〉** じゅ業中《ぎょうちゅう》は、せきを（　　　）ない。

(5) **〈拾《ひろ》う〉** 公園で野《や》球《きゅう》のボールを（　　　）た。

**3** 〈　〉の言葉《ことば》を、文に合う形にかえて、（　）に書きましょう。（一つ4点）

(1) **〈飲《の》む〉**
- 水を（　　　）ます。
- ジュースを（　　　）だ。

(2) **〈話す〉**
- 決《けっ》して（　　　）ない。
- 友だちに（　　　）ます。

(3) **〈泳《およ》ぐ〉**
- プールで（　　　）う。
- いっしょに（　　　）ば、楽しい。

(4) **〈思う〉**
- 悲《かな》しく（　　　）た。
- ふしぎに（　　　）なかった。

# 13 ふくしゅうドリル②

**1** □と反対《はんたい》の意味《いみ》の言葉《ことば》を、□からえらんで書きましょう。（一つ3点）

(1) 入る ↔ （　　）

(2) 多い ↔ （　　）

(3) 細い ↔ （　　）

(4) 開《あ》ける ↔ （　　）

(5) 来る ↔ （　　）

(6) 古い ↔ （　　）

太い・出る・少ない・新しい・しめる・行く

**2** □と反対《はんたい》の意味《いみ》の言葉《ことば》を、（　）に書きましょう。（一つ3点）

(1) 長い物語《ものがたり》を読む。↔ （　　）時間で食べる。

(2) ごみ箱《ばこ》にすてる。↔ あきかんを（　　）。

(3) 北の地方は寒《さむ》い。↔ 今年の夏は（　　）。

(4) ゲームが始《はじ》まる。↔ えい画が（　　）。

とく点

点

3 〈　〉の言葉《ことば》を、文に合う形にかえて、（　）に書きましょう。（一つ5点）

(1) 〈とぶ〉いきおいよく（　　　）ます。

(2) 〈走る〉ゴールに向《む》かって（　　　）ます。

(3) 〈歩く〉いっしょに（　　　）う。

(4) 〈立つ〉まだせきを（　　　）ない。

(5) 〈よぶ〉名前を大声で（　　　）だ。

(6) 〈拾《ひろ》う〉公園でボールを（　　　）た。

4 〈　〉の言葉《ことば》を、文に合う形にかえて、（　）に書きましょう。（一つ5点）

(1) 〈走る〉
- ろう下は（　　　）ない。
- ゴールに向《む》かって（　　　）た。

(2) 〈飲《の》む〉
- いっきに水を（　　　）ない。
- さっき、水を（　　　）だ。

(3) 〈泳《およ》ぐ〉
- みんなで（　　　）う。
- 海で（　　　）ば、気《き》持《も》ちいい。

(4) 〈思う〉
- うれしいと（　　　）た。
- ふしぎに（　　　）なかった。

# 14 様子《ようす》を表《あらわ》す言葉《ことば》①

## ものごとの様子《ようす》を表《あらわ》す言葉《ことば》

言葉《ことば》の中には、ものごとの様子《ようす》を表《あらわ》す言葉《ことば》があります。

犬は白い。

犬は大きい。

犬は強い。

□の言葉《ことば》は、それぞれ、犬がどんな様子《ようす》なのかを表《あらわ》しています。

**おぼえよう**

- この本は古い。
- この箱《はこ》は軽《かる》い。
- ポストは赤い。
- 遠足は楽しい。
- 岩はかたい。
- この物語《ものがたり》は悲《かな》しい。
- うさぎは白い。
- かばの足は太い。

**1** 次《つぎ》の文の中から、様子《ようす》を表《あらわ》す言葉《ことば》をさがして、◯でかこみましょう。 (⑴⑵一つ4点、⑶〜⑹一つ5点)

(1) りんごの 実《み》が 赤い。

(2) キリンの 首は 長い。

(3) 父が 使《つか》っている ペンは 古い。

(4) 電《でん》とうを 消《け》した へやは 暗《くら》い。

(5) 父の かばんは、とても 重《おも》い。

(6) 夏に なると、夜でも 暑《あつ》い。

とく点

点

**2** 様子《ようす》を表《あらわ》す言葉《ことば》を、□からえらんで書きましょう。（一つ8点）

(1) 絵本・赤とんぼ・近い・とびはねる

（　　　）

(2) 夕方・新しい・運《はこ》ぶ・水遊《みずあそ》び

（　　　）

(3) 思い出・着《き》かえる・わらい顔・細長い

（　　　）

(4) 貝がら・投《な》げる・みだれる・やわらかい

（　　　）

**3** 次《つぎ》の文にあてはまる様子《ようす》を表《あらわ》す言葉《ことば》を、□からえらんで書きましょう。（一つ10点）

(1) ぶたのしっぽは（　　　）。

歩く・寒《さむ》い・短《みじか》い

(2) せみの鳴き声が（　　　）。

古い・ける・うるさい

(3) 山のちょう上《じょう》は（　　　）。

すずしい・下がる・走る

(4) 電《でん》とうをつけたので、へやが（　　　）。

見かける・長い・明るい

15

# 様子《ようす》を表《あらわ》す言葉《ことば》②

## 形のかわる言葉《ことば》

様子《ようす》を表《あらわ》す言葉《ことば》は、使《つか》い方《かた》によって言葉《ことば》の形がかわります。

犬は［大きかっ］た。
犬は［大きく］ない。
［大きい］犬。
［大きけれ］ば、おどろく。

おぼえよう

●
［広かっ］た。
［広く］ない。
［広い］へや。
［広けれ］ば、

●
［うれしかっ］た。
［うれしく］ない。
［うれしい］出来事《できごと》。
［うれしけれ］ば、

1 次《つぎ》の言葉《ことば》を、□に合う形で書きましょう。（一つ4点）

(1) 小さい
小さ［か］［っ］た。
小さ［く］ない。
小さ［け］［れ］ば、

(2) 少ない
少な［か］［っ］た。
少な［　］ない。
少な［　］［　］ば、

(3) 近い
近［　］［　］た。
近［　］ない。
近［　］店。

(4) すずしい
すずし［　］［　］た。
すずし［　］ない。
すずし［　］風。

とく点
点

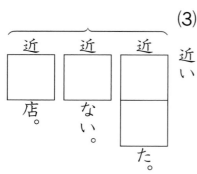

**2** 〈　〉の言葉《ことば》を、文に合う形にかえて、（　）に書きましょう。（一つ4点）

(1) 〈**赤い**〉
その木の実《み》は、（　　　　）ない。

(2) 〈**古い**〉
服《ふく》が（　　　　）ば、売れないだろう。

(3) 〈**楽しい**〉
友だちと遊《あそ》んで（　　　　）た。

(4) 〈**新しい**〉
きのう、店が（　　　　）なっていた。

(5) 〈**少ない**〉
広場に集《あつ》まった人数は（　　　　）た。

---

**3** 〈　〉の言葉《ことば》を、文に合う形で、（　）に書きましょう。（一つ4点）

(1) 〈**長い**〉
（　　　　）時間、待《ま》つ。
しあいは（　　　　）た。

(2) 〈**明るい**〉
そう庫《こ》の中は（　　　　）ない。
（　　　　）ば、ねむれない。

(3) 〈**かたい**〉
ねん土が（　　　　）た。
（　　　　）ば、食べられない。

(4) 〈**悲《かな》しい**〉
魚が死《し》んで（　　　　）た。
（　　　　）出来事《できごと》。

# 16 様子《ようす》を表《あらわ》す言葉《ことば》③

## 様子《ようす》をくわしくする言葉《ことば》

動《うご》きの様子《ようす》をくわしくする言葉《ことば》があります。

ドンドンはたたく音を、きらきらは光る様子《ようす》を表《あらわ》しています。
また、音や声を表《あらわ》す言葉《ことば》は、カタカナで書きます。

**おぼえよう**

- かみなりがゴロゴロ鳴る。
  ねこがニャーとなく。
- 風船がふわふわとぶ。
  赤ちゃんがにっこりわらう。

**1** 絵に合う様子《ようす》を表《あらわ》す言葉《ことば》を、○でかこみましょう。（一つ6点）

(1)

雨が｛ザーザー／フーフー｝ふる。

(2)

ドアを｛ギシギシ／トントン｝たたく。

(3)

犬が｛ワンワン／ブルブル｝ほえる。

(4)

ゆかが｛しとしと／つるつる｝すべる。

(5)

雲が｛くるくる／ふわふわ｝うかぶ。

とく点　　点

2 （　）に合う言葉《ことば》を、[　]からえらんで書きましょう。（一つ5点）

(1) 朝、すずめが（チュンチュン）鳴いていた。

(2) まどガラスが（　　）とわれる。

(3) ライオンが（　　）とほえる。

(4) かみなりが（　　）と光る。

(5) かえるが（　　）とはねる。

(6) 雨でシャツが（　　）ぬれる。

ぴかっ・チュンチュン・ぴょん
ガオーッ・びっしょり・ガチャン

3 〈　〉の言葉《ことば》を使《つか》って、絵に合う文を作りましょう。（一つ10点）

(1) 〈カーカー〉

からすがカーカー鳴く。

(2) 〈パリパリ〉

せんべいを

(3) 〈すやすや〉

赤ちゃんが

(4) 〈たっぷり〉

パンにジャムを

# 17 国語じてんの使《つか》い方《かた》①

## 国語じてんの言葉《ことば》のならび方

**① 言葉《ことば》のならび方。**

あさ → かさ → さる → にじ → わに

「あ」で始《はじ》まる言葉《ことば》から、「あいうえお…」のじゅん番（五十音じゅん）でならんでいます。

**② 一字目・二字目…が同じときのならび方。**

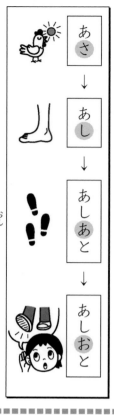

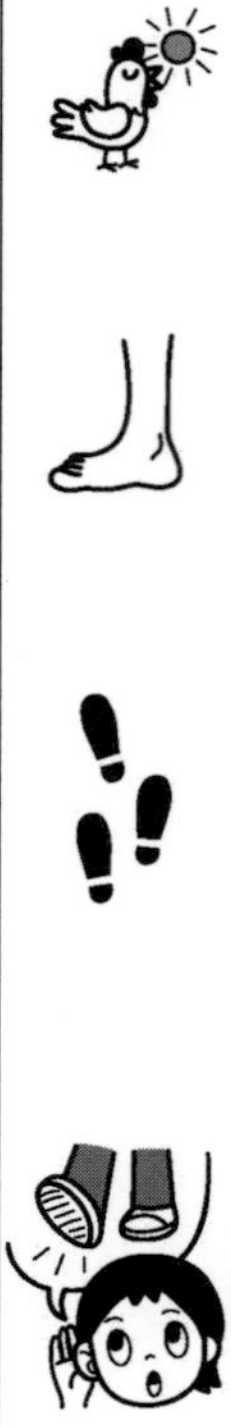

あさ → あし → あしあと → あしおと

国語じてんは、すべての音《おん》が五十音じゅんでならんでいます。「あさ」と「あし」は、一字目が同じなので、二字目をくらべます。「あしあと」と「あしおと」は、三字目をくらべます。

**1** 国語じてんで、前に出ている言葉《ことば》のほうに、○をつけましょう。
（(1)〜(4)一つ4点、(5)〜(8)一つ5点）

(1) （○）あさ　（　）ひる

(2) （　）まえ　（　）あと

(3) （　）かえる　（　）すいか

(4) （　）はさみ　（　）とけい

(5) （　）あお　（　）あか

(6) （　）かめ　（　）かさ

(7) （　）はかり　（　）はかせ

(8) （　）たいこ　（　）たいら

とく点　　点

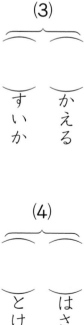

## ③だく音《おん》・半《はん》だく音《おん》のある言葉《ことば》。

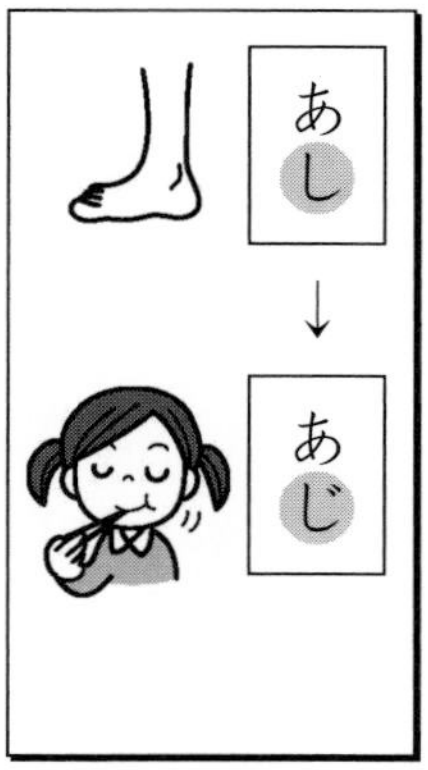


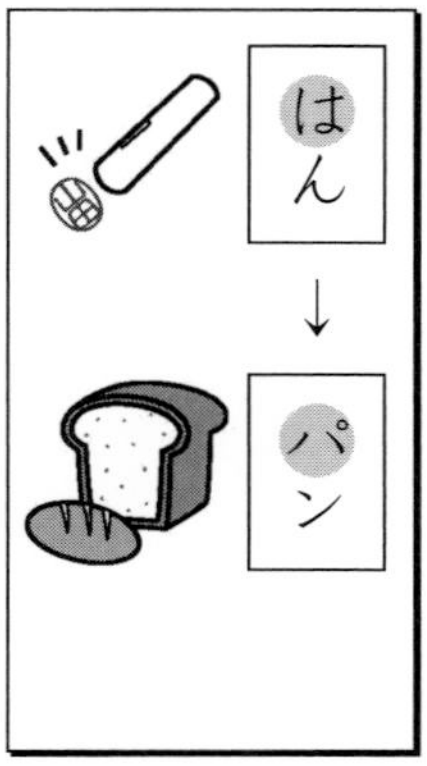


だく音《おん》（が・ざ・だ・ば…）や半《はん》だく音《おん》（ぱ・ぴ・ぷ・ぺ・ぽ）は、清音《せいおん》（あ・か・さ・た…）のあとにならんでいます。

### ◎国語じてんを見てみよう。

のばす音《おん》や小さく書く字（や・ゆ・よ・っ）のある言《こと》葉《ば》や、カタカナの言葉《ことば》は、じてんによってならび方がちがうことがあります。

国語じてんは、それぞれのじてんの言葉《ことば》のならび方のきまりや使《つか》い方《かた》を、さいしょのページなどでしめしています。

自分の持《も》っているじてんのきまり・使《つか》い方《かた》をたしかめて、じっさいに言《こと》葉《ば》を調《しら》べてみましょう。

▶「くもんの学習国語辞典《がくしゅうこくごじてん》」（くもん出版）より

## 2 国語じてんに出ているじゅんに、番号《ばんごう》をつけましょう。（全部《ぜんぶ》できて一つ8点）

(1)（2）むし （1）とり

(2)（　）さくら （　）すみれ

(3)（　）かめ （　）かさ

(4)（　）あひる （　）あさひ

(5)（　）はな （　）ゆめ （1）くさ

(6)（　）たぬき （　）きつね （　）あひる

(7)（　）パンク （　）はんこ （　）はかせ

(8)（　）ぷかぷか （　）ふらふら （　）ぶらぶら

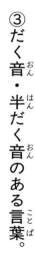

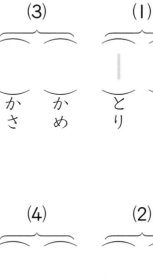

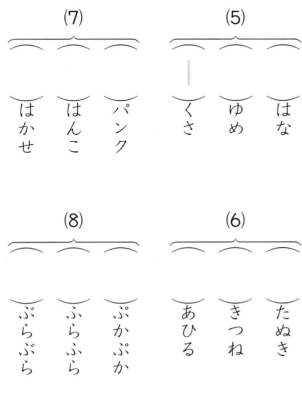

# 18 国語じてんの使《つか》い方《かた》②

## 国語じてんに出ている言葉《ことば》の形

文の中で、いろいろな形にかわる言葉《ことば》は、国語じてんには□の形で出ています。

- 行かない
- 行きます
- 行くとき
- 行けば
- 行こう

→ **行く**

- 青かった
- 青くなる
- 青ければ

→ **青い**

「□」の形は、動《うご》きを表《あらわ》す言葉《ことば》では「行く」「とぶ」「言う」のように「ウだん」の音で終《お》わり、様子《ようす》を表《あらわ》す言葉《ことば》では「い」で終《お》わります。

**おぼえよう** 国語じてんに出ている形（言い切りの形）

① 動《うご》きを表《あらわ》す言葉《ことば》
● 話す・書く・ねる・読む・

② 様子《ようす》を表《あらわ》す言葉《ことば》
● 赤い・白い・近い・太い・

**1** ――の言葉《ことば》が国語じてんに出ている形（言い切りの形）をえらんで、○をつけましょう。（一つ4点）

(1) 先生が話した言葉《ことば》をメモする。
（　）話し
（　）話す

(2) パン屋《や》さんは、家に近くない。
（　）近く
（　）近い

(3) きのう、プールで泳《およ》いだ。
（　）泳《およ》ぐ
（　）泳《およ》ぎます

(4) 図書館《としょかん》でかりた本は古かった。
（　）古い
（　）古くなる

とく点
点

2 ――の言葉《ことば》を、国語じてんに出ている形（言い切りの形）に書きかえましょう。（一つ6点）

〈れい〉作文を書いた。→（書く）
こなが白かった。→（白い）

(1) へやで本を読んだ。→（　　　）

(2) ケーキが多かった。→（　　　）

(3) 強い風がふきます。→（　　　）

(4) 手が黒くなった。→（　　　）

(5) バナナを食べなかった。→（　　　）

(6) 朝起《お》きると、寒《さむ》かった。→（　　　）

3 □の文章《ぶんしょう》の――の言葉《ことば》を、国語じてんに出ている形（言い切りの形）に書きかえましょう。（一つ8点）

(1)広くなった所《ところ》に、川が(2)流《なが》れている。その川には、たくさんの魚が(3)泳《およ》いでいる。

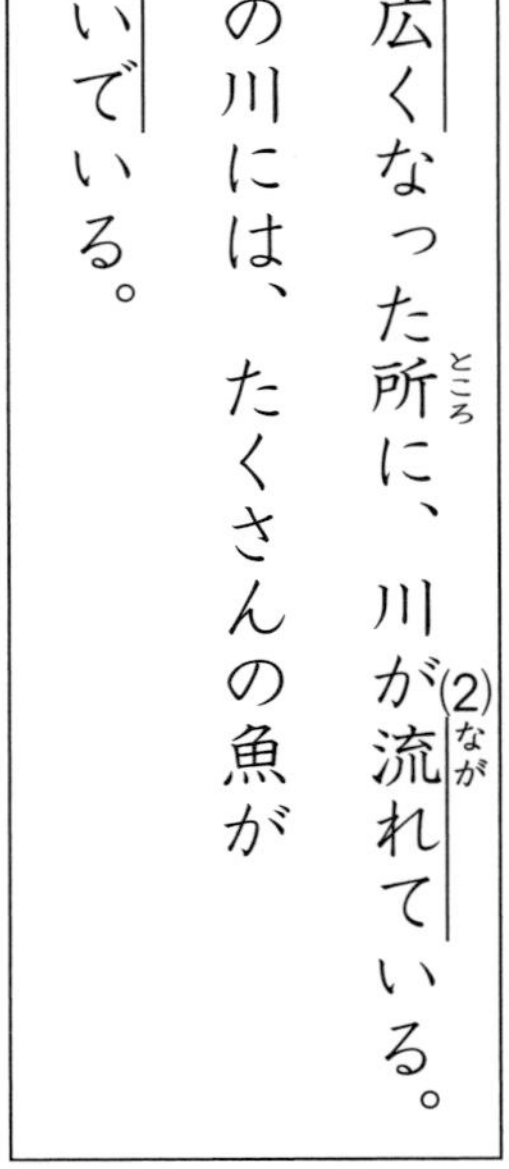

(1)（　　　）

(2)（　　　）

(3)（　　　）

母と買《か》い物《もの》に(4)行った。すると、店が(5)新しくなっていた。そこでスカートを(6)買ってもらった。

(4)（　　　）

(5)（　　　）

(6)（　　　）

# 19 ふくしゅうドリル③

1 〈　〉の言葉《ことば》を、文に合う形にかえて、（　）に書きましょう。（一つ4点）

(1) 〈広い〉
場所《ばしょ》が（　　）ない。
（　　）ば、全員《ぜんいん》で遊《あそ》べる。

(2) 〈明るい〉
妹の表《ひょう》じょうは（　　）た。
へやの中は（　　）ない。

(3) 〈少ない〉
（　　）ば、足してみる。
花《か》だんの花は（　　）た。

2 国語じてんに出ているじゅんに、番号《ばんごう》をつけましょう。（全部《ぜんぶ》できて一つ4点）

(1)
（　）ゆめ
（　）くさ
（　）みず

(2)
（　）すみれ
（　）さくら
（　）たんぽぽ

(3)
（　）たんす
（　）たたみ
（　）たぬき

(4)
（　）あらし
（　）あさひ
（　）あひる

(5)
（　）プラス
（　）ふりこ
（　）ブラシ

(6)
（　）ぺたぺた
（　）へとへと
（　）べとべと

とく点
点

**3** ——の言葉《ことば》を、国語じてんに出ている形（言い切りの形）に書きかえましょう。（一つ4点）

〈れい〉
本を読んだ。→（読む）
車が多かった。→（多い）

(1) 朝、パンを食べた。→（　　）

(2) 遠足が楽しかった。→（　　）

(3) ねこが歩いている。→（　　）

(4) 空が明るくなった。→（　　）

(5) 兄とたくさん話した。→（　　）

(6) 図書館《としょかん》は遠かった。→（　　）

**4** □の文章《ぶんしょう》の——の言葉《ことば》を、国語じてんに出ている形（言い切りの形）に書きかえましょう。（一つ4点）

(1)円くなった庭《にわ》の花だんに、花が(2)さいている。そのそばには、犬が(3)すわっている。

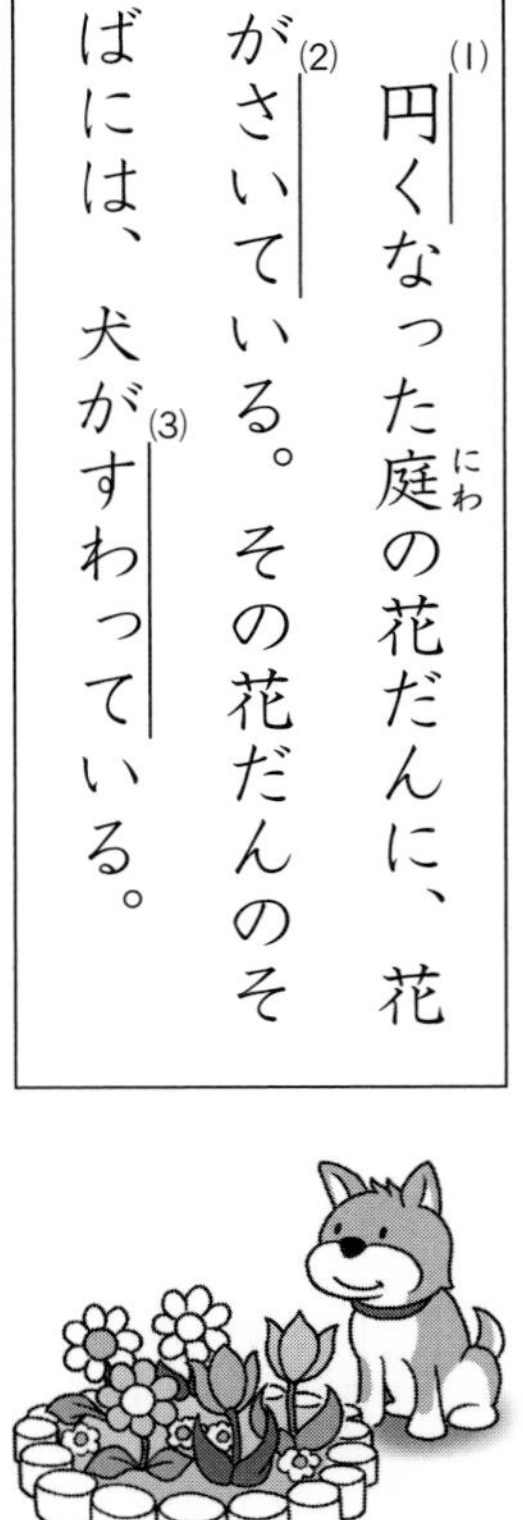

(1)（　　）

(2)（　　）

(3)（　　）

朝起《お》きると、とても(4)寒《さむ》かった。母は、あたたかい上着《うわぎ》を(5)着《き》て出かけるように(6)強く(7)言った。

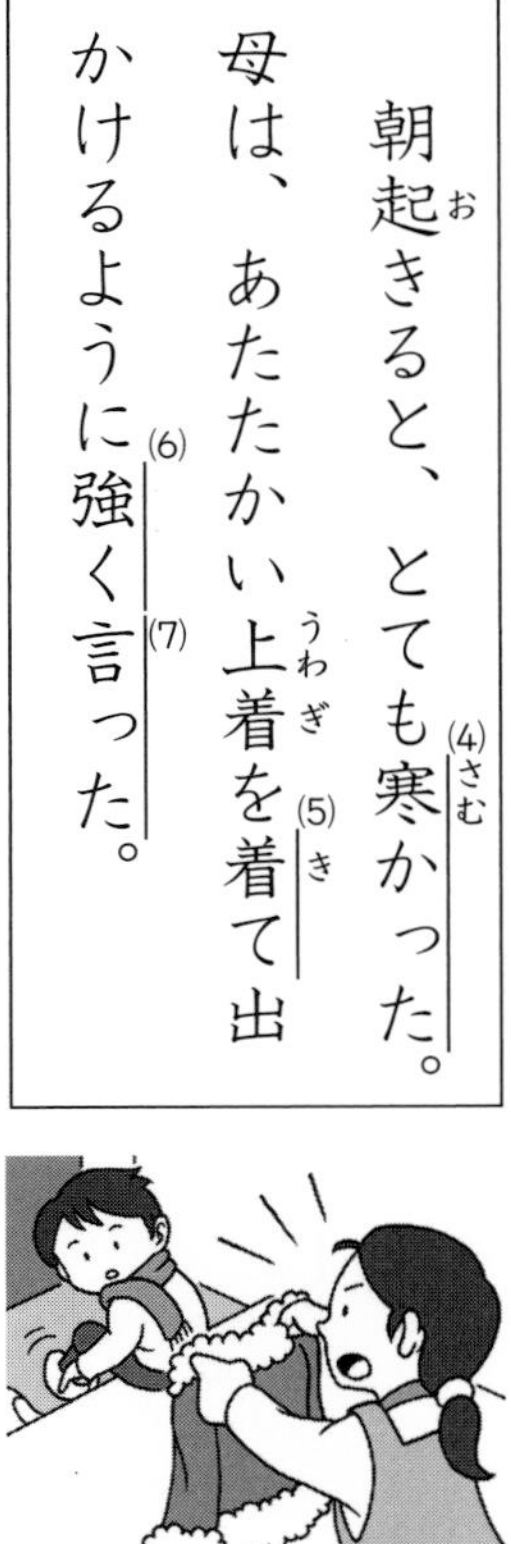

(4)（　　）

(5)（　　）

(6)（　　）

(7)（　　）

20

# 同じ部首《ぶしゅ》の漢字《かんじ》①

## 漢字《かんじ》の部首《ぶしゅ》①

いくつかの漢字《かんじ》にきょう通する部分《ぶぶん》を「部首《ぶしゅ》」といいます。

部分《ぶぶん》の名前▼ へん

イ（にんべん）▲部首《ぶしゅ》の名前　休・体・作・住・使・係

れい
- 木（きへん）……校・板・柱・根・植・横・橋
- 扌（てへん）……打・投・指・持・拾
- 言（ごんべん）……記・話・語・読・談・調
- 氵（さんずい）……池・海・泳・流・深・満

つくり

力（ちから）　助・勉・動

れい
- 文（のぶん）……教・数・放
- 阝（おおざと）……都・部
- 頁（おおがい）……頭・顔・題

**1** 同じ部首《ぶしゅ》の漢字《かんじ》を書きましょう。（⑴一つ2点、⑵～⑸一つ3点）

(1) イ…都会《とかい》に［住《す》］む。家で［木《やす》］む。

(2) 木…太い［主《はしら》］。母の［黄《よこ》］顔《がお》。

(3) 扌…くぎを［丁《う》］つ。かばんを［寺《も》］つ。

(4) 文…人の［娄《かず》］が多い。テレビ［方《ほう》］送《そう》。

(5) 頁…［豆《あたま》］がいたい。作文の［是《だい》］名《めい》。

とく点　　点

**2** 次《つぎ》の部首《ぶしゅ》をもつ漢字《かんじ》を書きましょう。（一つ3点）

(1) 氵…きれいな［毎］《うみ》で［永］《およ》ぐ。

(2) 亻…人形を［乍］《つく》る［系］《かかり》になる。

(3) 言…［周］《しら》べたことを［己］《き》ろくする。

(4) 扌…［旨］《ゆび》でボールを［合］《ひろ》う。

(5) 力…家で［免］《べん》強《きょう》する。［重］《うご》き回《まわ》る。

(6) 阝…［者］《と》会《かい》の生活。細かい［音］《ぶ》品《ひん》。

**3** 同じ部首《ぶしゅ》の漢字《かんじ》を書きましょう。（一つ3点）

(1) ［体］《たい》育《いく》の［亻］《かかり》が用具《ようぐ》を運《はこ》ぶ。

(2) ［木］《はしら》の［木］《よこ》に紙をはる。

(3) ［扌］《ゆび》先《さき》でえん筆《ぴつ》を［扌］《も》つ。

(4) ［氵］《いけ》で魚が［氵］《およ》いでいる。

(5) 校内［攵］《ほう》送《そう》で時間を［攵］《おし》える。

(6) ［阝］《と》会《かい》の一《いち》［阝］《ぶ》の地いき。

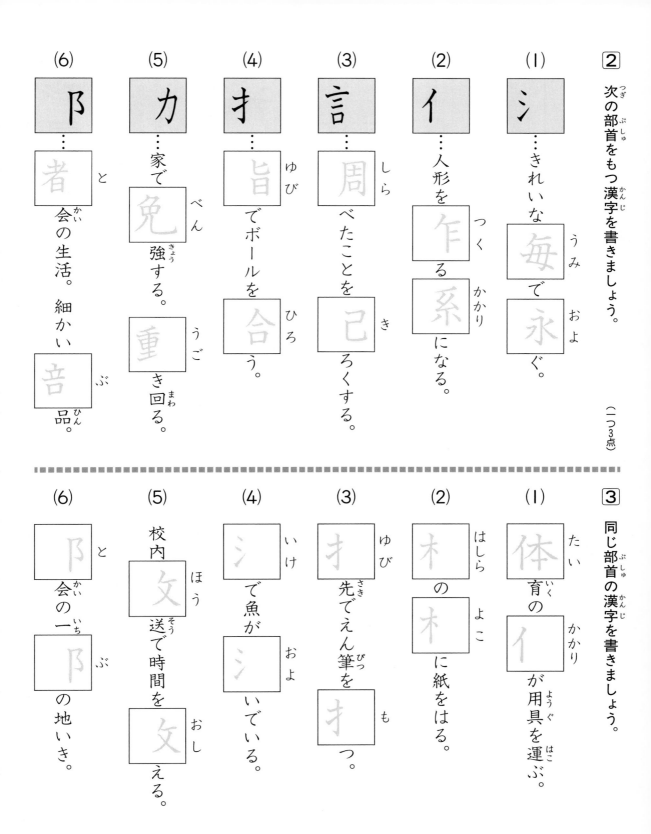

# 21 同じ部首《ぶしゅ》の漢字《かんじ》②

## 漢字《かんじ》の部首《ぶしゅ》②

20回（40ページ）のほかにも、漢字《かんじ》の部首《ぶしゅ》には、次《つぎ》のようなものがあります。

部分《ぶぶん》の名前 ▼ かんむり … 艹（くさかんむり）▲部首《ぶしゅ》の名前
花・草・茶・苦・葉・落・薬

れい
・宀（うかんむり）…安・実・客・守・寒
・⺮（たけかんむり）…算・笛・等・筆・箱
・⻗（あめかんむり）…雲・雪・電

あし … 心（こころ）
思・急・息・悲・意・感

かまえ … 囗（くにがまえ）
国・園・図・回

にょう … 辶（しんにょう）
近・道・遠・週・通・返・送・進

**1** 同じ部首《ぶしゅ》の漢字《かんじ》を書きましょう。（(1)一つ2点、(2)〜(5)一つ3点）

(1) 艹 … 落《お》ち葉《ば》がつもる。

(2) 宀 … かきの実《み》。寒《さむ》い朝。

(3) ⺮ … 笛《ふえ》をふく。だんボールの箱《はこ》。

(4) 心 … 読書感《かん》想文《そうぶん》。言葉《ことば》の意《い》味《み》。

(5) 辶 … 駅《えき》までの道《みち》。公園で遊《あそ》ぶ。

とく点　　点

## 2 次《つぎ》の部首《ぶしゅ》をもつ漢字《かんじ》を書きましょう。（一つ3点）

(1) 艹 … [古]《にが》いお茶。目《め》[楽]《ぐすり》をさす。

(2) 宀 … お[各]《きゃく》を[女]《あん》心《しん》させる。

(3) 竹 … 長さが[寺]《ひと》しい。えん[聿]《ぴつ》。

(4) 心 … [自]《いき》をはく。[刍]《いそ》いで帰る。

(5) 門 … 時《じ》[日]《かん》になるとドアが[开]《ひら》く。

(6) 辶 … [反]《へん》事《じ》をする。駅《えき》まで[关]《おく》る。

## 3 同じ部首《ぶしゅ》の漢字《かんじ》を書きましょう。（一つ3点）

(1) [艹]《にが》い[艹]《くすり》を飲《の》む。

(2) 計《けい》[竹]《さん》した答えと[竹]《ひと》しい長さ。

(3) [雨]《ゆき》がふる。[雨]《くも》が空をおおっている。

(4) [心]《いそ》いで走って、[心]《いき》が切れる。

(5) 手紙の[辶]《へん》事《じ》を[辶]《おく》る。

(6) 外《がい》[口]《こく》の動物《どうぶつ》[口]《えん》。

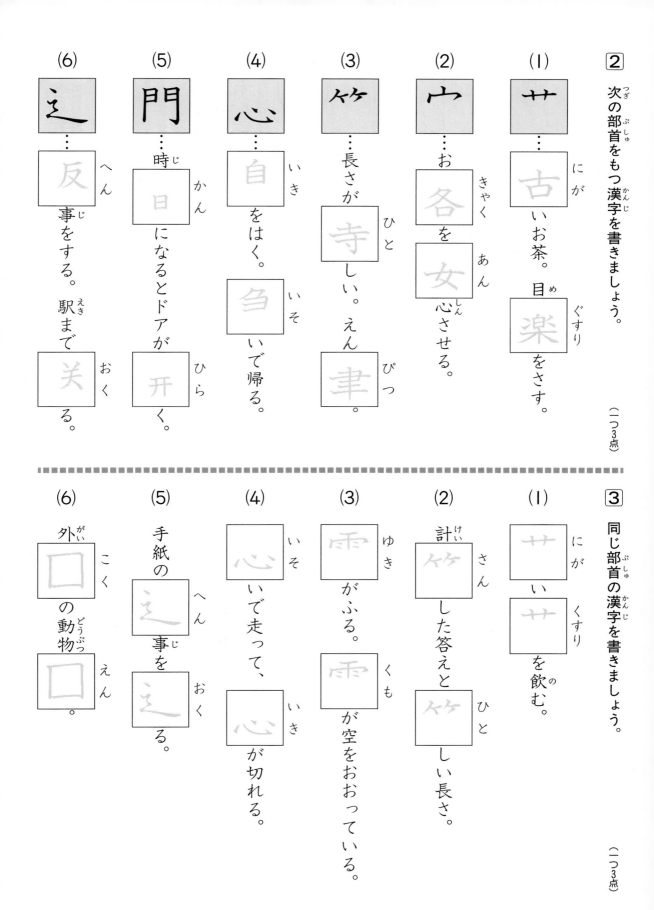

22

# 漢字《かんじ》の組み立て

## 部首《ぶしゅ》の形のへん化《か》

漢字《かんじ》の部分《ぶぶん》が組み合わさって、漢字《かんじ》ができるときに、形がかわることがあります。

木＋反→板

れい ●女→姉・妹・始 ●金→鉄・銀 ●食→飲・館

ほかに、「柱・根・植・横」なども、「木」が「木」にかわります。

竹＋由→笛

ほかに、「第・等・筆・箱」なども、「竹」が「⺮」にかわります。

口＋貝→員

ほかに、「号・味・和・商」なども、「口」の入るところがちがいます。

れい ●日→春・星・昔・昭・暑・暗 ●田→町・番・界・畑

1 次《つぎ》の漢字《かんじ》の部分《ぶぶん》を組み合わせて、漢字《かんじ》を作りましょう。（(1)(2)一つ4点、(3)〜(6)一つ5点）

(1) ⺮＋寺→等

(2) 木＋直→

(3) 女＋市→

(4) 禾＋口→

(5) 𠀎＋日→

(6) 金＋失→

とく点　点

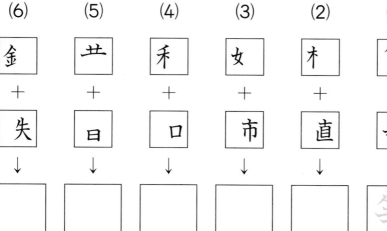

2 次《つぎ》の漢字《かんじ》の部分《ぶぶん》を組み合わせて、漢字《かんじ》を書きましょう。（一つ6点）

(1) 女 ＋ 未 → □（女）

(2) 木 ＋ 主 → □（木）

(3) 口 ＋ 未 → □（口）

(4) 日 ＋ 者 → □（日）

(5) 竹 ＋ 相 → □（竹）

(6) 金 ＋ 良 → □（金）

3 次《つぎ》の漢字《かんじ》の部分《ぶぶん》を組み合わせて、□に漢字《かんじ》を書きましょう。（一つ6点）

(1) 木 ＋ 反 …黒《こく》□《ばん》に名前を書く。

(2) 日 ＋ 音 …おそくなって□《くら》くなる。

(3) 女 ＋ 台 …音楽会が□《はじ》まる。

(4) 口 ＋ 貝 …バスに全《ぜん》□《いん》が乗《の》る。

(5) 竹 ＋ 由 …口《くち》□《ぶえ》をふく。

(6) 金 ＋ 失 …□《てつ》でできたドア。

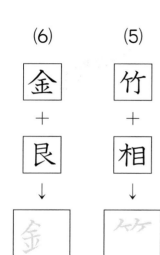

# 23 部首《ぶしゅ》の意味《いみ》

## 部首《ぶしゅ》の意味《いみ》

部首《ぶしゅ》には、それぞれ意味《いみ》があります。

氵《さんずい》

池　海　泳《およ(ぐ)》　波《なみ》　油《あぶら》

「氵(さんずい)」の漢字《かんじ》には、水に関係《かんけい》のあるものがたくさんあります。

**おぼえよう**

- 亻(にんべん)…人に関係《かんけい》がある。　体・作・仕・他・使・係・代
- 扌(てへん)…手や手のはたらきに関係《かんけい》がある。　打・投・指・持・拾
- 土(つちへん)…土に関係《かんけい》がある。　地・場・坂
- 木(きへん)…木に関係《かんけい》がある。　林・校・板・柱・根・植・橋

**1** 次《つぎ》の部首《ぶしゅ》をもつ漢字《かんじ》に関係《かんけい》があることがらを、○でかこみましょう。(一つ4点)

(1) 氵 (池・海・波)→｛水（○）　火｝に関係《かんけい》がある。

(2) 亻 (体・作・使)→｛土　人｝に関係《かんけい》がある。

(3) 扌 (投・指・拾)→｛毛　手｝に関係《かんけい》がある。

(4) 土 (地・場・坂)→｛土　金｝に関係《かんけい》がある。

(5) 木 (林・板・柱)→｛本　木｝に関係《かんけい》がある。

とく点　　点

**2** 次《つぎ》のことがらに関係《かんけい》がある、同じ部首《ぶしゅ》の漢字《かんじ》を書きましょう。（一つ4点）

(1) **水** に関係《かんけい》がある。

□《いけ》の魚。□《うみ》で〔永〕《およ》ぐ。

(2) **木** に関係《かんけい》がある。

ゆか〔反〕《いた》。〔主〕《はしら》時計《どけい》。なえを〔直〕《う》える。

(3) **人** に関係《かんけい》がある。

□《からだ》を〔吏〕《つか》う運動《うんどう》。父の〔士〕《し》事《ごと》。

(4) **手** や手のはたらきに関係《かんけい》がある。

ボールを〔殳〕《な》げる。〔旨〕《ゆび》先《さき》で〔合〕《ひろ》う。

---

**3** 次《つぎ》の部首《ぶしゅ》をもつ漢字《かんじ》は、どんなことがらと関係《かんけい》がありますか。□に合う漢字《かんじ》を、［　］からえらんで書きましょう。（(1)〜(4)一つ5点、(5)(6)一つ6点）

(1) 木…□に関係《かんけい》がある。

(2) 亻…□に関係《かんけい》がある。

(3) 氵…□に関係《かんけい》がある。

(4) 土…□に関係《かんけい》がある。

(5) 扌…□や手のはたらきに関係《かんけい》がある。

(6) 言…言葉《ことば》や□うことに関係《かんけい》がある。

［人・土・木・手・水・言］

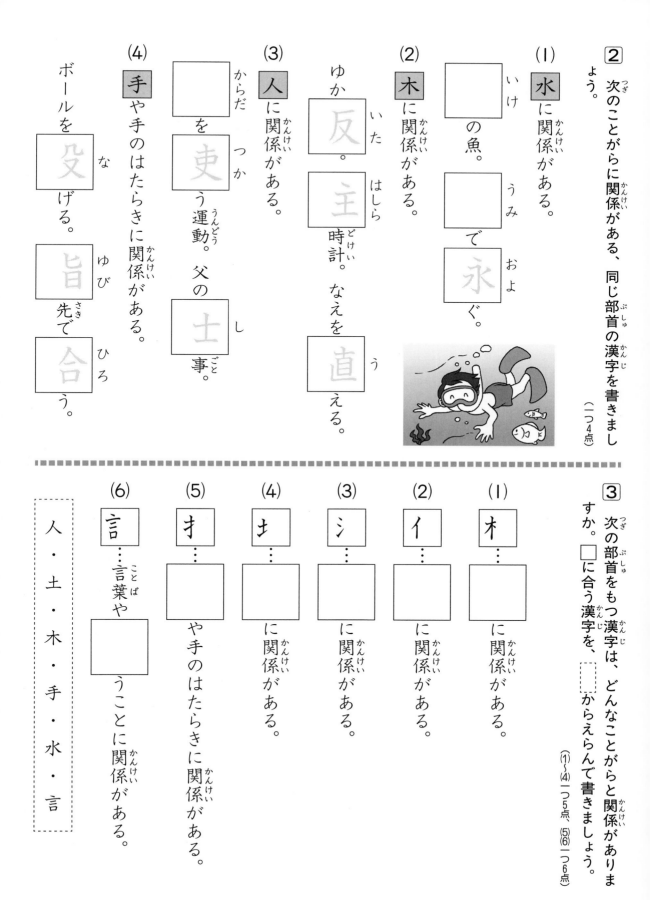

# 24 漢字《かんじ》のなり立ち

## 漢字《かんじ》のでき方

漢字《かんじ》のでき方には、大きく分けて次《つぎ》の四つがあります。

①ものの形からできた漢字《かんじ》。

 → 木　木の形からできた字。

れい ●  → 火　●  → 山

②しるしなどで表《あらわ》した漢字《かんじ》。

 → 上　一本の線に・をつけて上を表《あらわ》した字。

れい ●  → 中　●  → 本

③漢字《かんじ》の意味《いみ》を組み合わせた漢字《かんじ》。

木＋木 → 林　木と木で、木が多い林を表《あらわ》した字。

れい ● 山＋石 → 岩　● 口＋鳥 → 鳴

④意味《いみ》と音《おん》を組み合わせた漢字《かんじ》。

日＋青《セイ》 → 晴《セイ》　日と、セイと読む青《セイ》で「はれ」を表《あらわ》した字。

れい ● 艹（草）＋化《カ》 → 花《カ》

**1** 次《つぎ》の絵からできた漢字《かんじ》を、◯でかこみましょう。（一つ5点）

(1) 
川　木

(2) 
水　火

(3) 
竹　草

(4) 
山　月

(5) 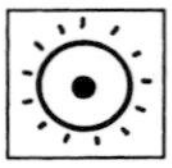
日　火

(6) 
田　雨

(7) 
耳　目

(8) 
足　手

とく点

点

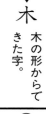

**2** 次《つぎ》の絵からできた漢字《かんじ》を、[　]からえらんで書きましょう。（一つ2点）

(1)  → 子

(2)  → □

(3)  → □

(4)  → □

(5)  → □

(6)  → □

(7)  → □

(8)  → □

(9)  → □

(10) 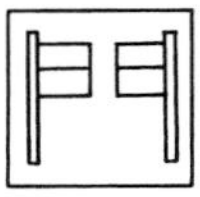 → □

子・女・貝・犬・牛・角・羽・鳥・魚・門

**3** 次《つぎ》の絵からできた漢字《かんじ》を、[　]からえらんで書きましょう。（一つ5点）

(1)  → □

(2)  → □

(3)  → □

(4)  → □

上・下・中・本

**4** 次《つぎ》の二つの漢字《かんじ》が組み合わさってできた漢字《かんじ》を、□に書きましょう。（一つ5点）

(1) 木＋木 → □

(2) 山＋石 → □

(3) 口＋鳥 → □

(4) 日＋月 → □

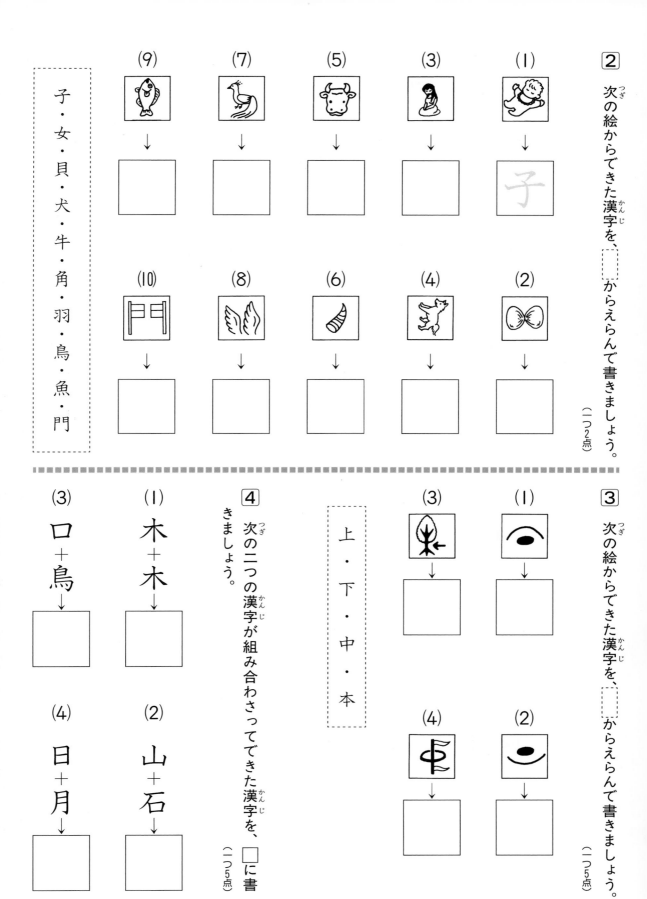

# 25 ふくしゅうドリル④

1 次《つぎ》の漢字《かんじ》の部分《ぶぶん》を組み合わせて、□に漢字《かんじ》を書きましょう。（一つ2点）

(1) 木＋主…□《はしら》時計《どけい》の音が鳴る。

(2) 女＋台…国語のじゅ業《ぎょう》が□《はじ》まる。

(3) 口＋未…あまい□《あじ》のおかし。

(4) 竹＋相…だんボール□《ばこ》を運《はこ》ぶ。

(5) 金＋艮…□《ぎん》メダルをもらう。

2 次《つぎ》の絵からできた漢字《かんじ》を、□からえらんで書きましょう。（一つ3点）

(1)  ↓ □

(2)  ↓ □

(3)  ↓ □

(4)  ↓ □

(5)  ↓ □

(6)  ↓ □

(7)  ↓ □

(8)  ↓ □

目・貝・竹・犬・雨・羽・鳥・魚

とく点　　点

**3** 次《つぎ》の□の部首《ぶしゅ》をもつ漢字《かんじ》を□に書きましょう。（一つ4点）

(1) 木…□《はしら》の□《よこ》にあるかん板《ばん》。

(2) 氵…近くの□《うみ》で□《およ》ぐ。

(3) 竹…□《ふえ》を□《はこ》にしまっておく。

(4) 扌…□《う》ったボールを□《ひろ》う。

(5) 心…□《いそ》いでいるときに注《ちゅう》□《い》する。

(6) 辶…□《あそ》んでいて、□《へん》事《じ》をしない。

**4** 次《つぎ》の部首《ぶしゅ》をもつ漢字《かんじ》は、どんなことがらと関係《かんけい》がありますか。□に合う漢字《かんじ》を、□からえらんで書きましょう。（一つ3点）

(1) 亻…□に関係《かんけい》がある。

(2) 土…□に関係《かんけい》がある。

(3) 木…□に関係《かんけい》がある。

(4) 氵…□に関係《かんけい》がある。

(5) 言…言葉《ことば》や□うことに関係《かんけい》がある。

(6) 扌…□や手のはたらきに関係《かんけい》がある。

木・土・人・手・水・言

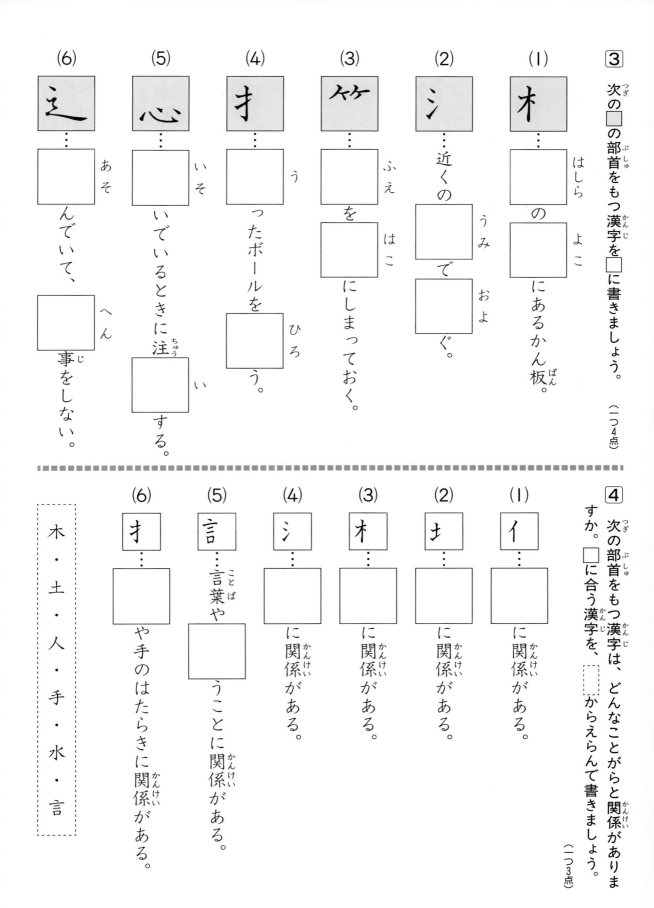

# 26 いろいろな読み方の漢字《かんじ》①

とく点　　　点

（(1)一つ1点、(2)～(6)一つ2点）

## 漢字《かんじ》の音《おん》と訓《くん》

漢字《かんじ》の読み方には、「音《おん》」と「訓《くん》」があります。

**海**
- 音《おん》…カイ→海岸《かいがん》を歩く。
- 訓《くん》…うみ→海《うみ》で泳《およ》ぐ。

「海」の音読《おんよ》みは「カイ」、訓読《くんよ》みは「うみ」です。このように、訓《くん》は、読みだけで漢字《かんじ》の意味《いみ》がわかることがあります。

**おぼえよう**

**止**
- 音《おん》…中止《ちゅうし》になる。
- 訓《くん》…急《きゅう》に止《と》まる。

**品**
- 音《おん》…店の商品《しょうひん》。
- 訓《くん》…よい品物《しなもの》。

**短**
- 音《おん》…短時間《たんじかん》。
- 訓《くん》…短《みじか》い話。

**曲**
- 音《おん》…作曲《さっきょく》する。
- 訓《くん》…曲《ま》がり角《かど》。

**写**
- 音《おん》…家族写真《かぞくしゃしん》。
- 訓《くん》…書《か》き写《うつ》す。

**牛**
- 音《おん》…牛《ぎゅう》にゅう。
- 訓《くん》…牛《うし》の親子。

1 ――の漢字《かんじ》の読みがなを書きましょう。

(1)
- 海（かい）外旅行《がいりょこう》。
- 青い海（う　）。

(2)
- 大会を中《ちゅう》止（　）する。
- バスが止（　）まる。

(3)
- 牛（　　　）にゅう。
- 牛（　　）が鳴く。

(4)
- 同（　　）時《じ》にわらう。
- 同（　　）じクラス。

(5)
- 父の会（　　）社《しゃ》。
- 人に会（　）う。

(6)
- ラジオ体（　　）そう。
- 体（　　　）をあらう。

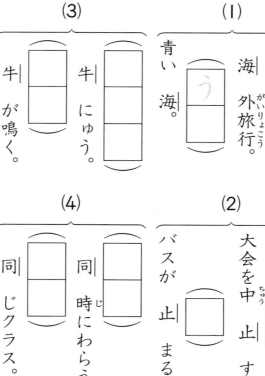

2 ――の漢字《かんじ》の読みがなを書きましょう。（一つ3点）

(1)
作《さっ》曲した人。
曲がり道《みち》。

(2)
今週《しゅう》の予定《よてい》。
今から遊《あそ》ぶ。

(3)
短期間《きかん》。
短いひも。

(4)
外《がい》国の言葉《ことば》。
南の国。

(5)
記《き》ねん写真《しん》。
書《か》き写す。

(6)
きゅう食《しょく》当番《ばん》。
まとに当たる。

(7)
駅《えき》の売店《てん》。
花を売る。

(8)
校《こう》内放送《ほうそう》。
箱《はこ》の内がわ。

3 ――の漢字《かんじ》の読みがなを書きましょう。（一つ3点）

(1)
校歌のかしをおぼえる。
きれいな歌声が聞こえる。

(2)
朝食の用意《ようい》をする。
朝日がまぶしい。

(3)
白鳥がえさを食べる。
かわいい小鳥の鳴き声。

(4)
お年よりに親切にする。
馬の親子が歩いている。

(5)
市の野球場《じょう》が見える。
野原で草花をつむ。

# 27 いろいろな読み方の漢字《かんじ》②

## たくさんの読み方がある漢字《かんじ》

音《おん》や訓《くん》の読み方を、たくさんもつ漢字《かんじ》があります。

**明**

音《おん》
- メイ → 先生のせつ明《めい》。
- ミョウ → 明朝《みょうちょう》の日の出。

訓《くん》
- あか（るい）→ 明《あか》るい光。
- あ（ける）→ 夜が明《あ》ける。
- あ（かり）→ 部屋《へや》の明《あ》かり。
- あき（らか）→ 明《あき》らかになる。

「明るい」「明ける」のように、漢字《かんじ》の後につけるかなを「送《おく》りがな」といいます。

**おぼえよう**

・**後**
- 音《おん》…午後《ごご》の天気。後半《こうはん》。
- 訓《くん》…後《のち》ほど。後《うし》ろ。後味《あとあじ》。

・**物**
- 音《おん》…人物《じんぶつ》。作物《さくもつ》。
- 訓《くん》…物語《ものがたり》。

・**平**
- 音《おん》…太平洋《たいへいよう》。平等《びょうどう》。
- 訓《くん》…平《たい》ら。平泳《ひらおよ》ぎ。

1 ――の漢字《かんじ》の読みがなを書きましょう。（一つ2点）

(1)
- せつ明（　）書《しょ》。明（　）朝《ちょう》の出発《しゅっぱつ》。
- 明（　）るい空。夜が明（　）ける。
- 明（　）かりをつける。

(2)
- ドラマの登場人《とうじょうじん》物（　）。
- 作《さく》物（　）のとり入れ。
- 長い物（　）語《がたり》を読む。

とく点

点

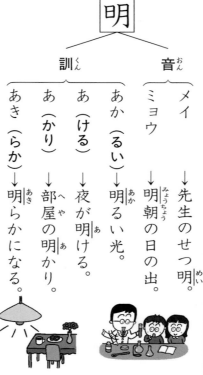

## 2 読み方に気をつけて、次《つぎ》の□の漢字《かんじ》を書きましょう。（一つ3点）

(1) 平

平《へい》気な顔。

□《びょう》等《どう》に分ける。

□《たい》らな土地。

□《ひら》泳《およ》ぎ。

(2) 後

午《ご》□《ご》の天気。しあいの□《こう》半《はん》。

□《うし》ろにならぶ。□《あと》で話す。

(3) 重

体《たい》□《じゅう》がふえる。き□《ちょう》品《ひん》。

□《おも》い荷物《にもつ》。タオルを□《かさ》ねる。

## 3 ――の漢字《かんじ》の読みがなを書きましょう。（一つ4点）

(1)

車の前《ぜん》後（　）を見る。ドラマの後（　）半《はん》。

後（　）ろにすわる。後（　）味《あじ》のよい飲《の》み物《もの》。

(2)

太《たい》平（　）洋《よう》の島《しま》。平（　）等《どう》に分ける。

平（　）らな場所《ばしょ》。平（　）泳《およ》ぎの練習《れんしゅう》。

(3)

赤ちゃんの体《たい》重（　）。き重（　）な品物《しなもの》。

重（　）いかばん。本を重（　）ねる。

# 28 なかまの漢字《かんじ》①

## なかまの漢字《かんじ》①

漢字《かんじ》には、意味《いみ》でなかま分けできるものがあります。

**おぼえよう**

- 体……手・足・頭・顔・首・毛／口・目・耳・鼻《はな》・皮《かわ》・歯《は》
- たて物《もの》しせつ……店・家・寺・駅《えき》・港《みなと》・橋《はし》・旅館《りょかん》／公園・病院《びょういん》・図書館《としょかん》・水族館《すいぞくかん》
- 町……町・村・市・都《と》・県《けん》・区《く》
- 動物《どうぶつ》……犬・牛・馬・羊《ひつじ》・鳥・魚・虫・貝
- 植物《しょくぶつ》……花・草・竹・米・麦・豆《まめ》・実《み》・葉《は》・根《ね》

**1** 次《つぎ》のなかまの漢字《かんじ》を下からえらんで、――でむすびましょう。（一つ2点）

(1) 体 ・　　・ア 海・湖《みずうみ》・島《しま》・岸《きし》・波《なみ》

(2) しぜん ・　　・イ 目・耳・鼻《はな》・歯《は》・皮《かわ》

(3) 町 ・　　・ウ 草・豆《まめ》・実《み》・葉《は》・根《ね》

(4) 植物《しょくぶつ》 ・　　・エ 都《と》・県《けん》・市・町・区《く》

**2** 次《つぎ》の――の漢字《かんじ》の読みがなを書きましょう。（一つ2点）

(1) 旅館にとまる。（　　）

(2) 市の図書館。（　　）

(3) 病院の医者《いしゃ》。（　　）

(4) 広い水族館。（　　）

とく点　　点

3 次《つぎ》のなかまの言葉《ことば》を［　］からえらんで、漢字《かんじ》で書きましょう。（一つ2点）

(1) 体……［足］・［　］・［　］・［　］

(2) 動物《どうぶつ》……［　］・［　］・［　］・［　］

(3) 植物《しょくぶつ》……［　］・［　］・［　］・［　］

(4) たて物《もの》やしせつ［　］・［　］・［　］　［　］・［　］・［　］

竹・足・犬・店・顔・駅《えき》
米・牛・家・首・麦・港《みなと》
馬・寺・豆《まめ》・橋《はし》・頭・羊《ひつじ》

4 次《つぎ》の漢字《かんじ》を書きましょう。（一つ4点）

(1) 〈体〉
［はな］歌《うた》を歌う。手の［かわ］がむける。

(2) 〈しぜん〉
［みずうみ］にうかぶ小さな［しま］が見える。

(3) 〈動物《どうぶつ》〉
犬が［うし］や［ひつじ］を追《お》いかける。

(4) 〈植物《しょくぶつ》〉
木の［み］や［は］が育《そだ》つ。木の［ね］っこ。

(5) 〈たて物《もの》やしせつ〉
［えき］から［みなと］の間に、長い［はし］がある。

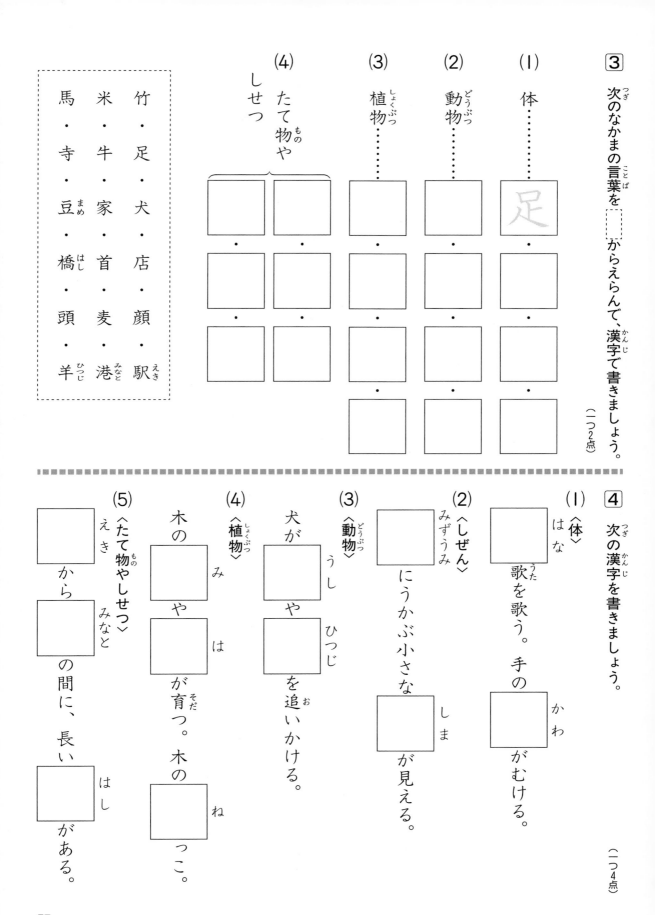

# 29 なかまの漢字《かんじ》②

## なかまの漢字《かんじ》②

28回（56ページ）のほかにも、なかまになる漢字《かんじ》があります。

**おぼえよう**

学校や学習《がくしゅう》…国語・算数・理科・社会・音楽
体育《たいいく》・図画工作・勉強《べんきょう》・発表《はっぴょう》・研究《けんきゅう》
問題《もんだい》・練習《れんしゅう》・教室・黒板《こくばん》・宿題《しゅくだい》
童話《どうわ》・昔話《むかしばなし》・文章《ぶんしょう》・詩集《ししゅう》・文庫《ぶんこ》

心…楽しい・悲《かな》しい・苦《くる》しい・悪《わる》い
安心《あんしん》・心配《しんぱい》・決心《けっしん》・感心《かんしん》・注意《ちゅうい》

色…赤・青・黄・茶・黒・緑《みどり》・黄緑《きみどり》

スポーツ…水泳《すいえい》・野球《やきゅう》・庭球《ていきゅう》・登山《とざん》

※「庭球《ていきゅう》」は「テニス」のことです。

**1** 次《つぎ》のなかまの漢字《かんじ》を下からえらんで、――でむすびましょう。（一つ3点）

(1) 人や役《やく》わり ・　　・ア 茶・緑《みどり》・黄緑《きみどり》

(2) 色 ・　　・イ 野球《やきゅう》・庭球《ていきゅう》・水泳《すいえい》

(3) 心 ・　　・ウ 先生・医者《いしゃ》・家族《かぞく》

(4) スポーツ ・　　・エ 楽しい・苦《くる》しい・感心《かんしん》

**2** 次《つぎ》の――の漢字《かんじ》の読みがなを書きましょう。（一つ3点）

(1) 体育（　　　）の時間。

(2) 昔話（　　　）を読む。

(3) 外国の詩集（　　　）。

(4) 学級《がっきゅう》文庫（　　　）。

とく点　　点

3 次《つぎ》のなかまの言葉《ことば》を[ ]からえらんで、漢字《かんじ》で書きましょう。（一つ3点）

(1) 人や役《やく》わり…… □□・□□

(2) 学校や学習《がくしゅう》…… □□・□□

(3) 心…… □□・□□

医者《いしゃ》・安心《あんしん》・主役《しゅやく》・勉強《べんきょう》
黒板《こくばん》・助手《じょしゅ》・決心《けっしん》・練習《れんしゅう》
家族《かぞく》・心配《しんぱい》・注意《ちゅうい》・宿題《しゅくだい》

4 次《つぎ》の漢字《かんじ》を書きましょう。（一つ4点）

(1) 〈心〉
□《かな》しい気持《きも》ちになる。
□《わる》いと思う。

(2) 〈人や役《やく》わり〉
学級《がっきゅう》□□《いいん》は、クラスの□□《だいひょう》だ。
野球《やきゅう》の□□《とうしゅ》と□□《だしゃ》。

(3) 〈学校や学習《がくしゅう》〉
はんごとに□□《けんきゅう》を□□《はっぴょう》する。
□□《こくばん》の□□《もんだい》をとく。

# 形のにた漢字《かんじ》①

## 同じ部分《ぶぶん》をもつ漢字《かんじ》

ある字が、ほかの漢字《かんじ》の一部《いちぶ》になることがあります。

長
帳

身長《しんちょう》がのびる。
日記帳《ちょう》をつける。

「帳《ちょう》」の中には、「長」の字が入っています。

おぼえよう

・少・秒
少女《しょうじょ》。一秒《いちびょう》。

・台・始
台所《だいどころ》。開始《かいし》。

・羊・洋
羊毛《ようもう》。洋服《ようふく》。

・由・油・笛
理由《りゆう》。油《あぶら》。笛《ふえ》。

・主・住・柱・注
主人《しゅじん》。住所《じゅうしょ》。柱《はしら》。注文《ちゅうもん》する。

・反・坂・板・返
反対《はんたい》。坂道《さかみち》。黒板《こくばん》。返事《へんじ》する。

・寺・持・待・詩・等
寺《てら》。持《も》つ。待《ま》つ。詩《し》。一等《いっとう》。

1 ――の読みがなに合う漢字《かんじ》を、○でかこみましょう。（一つ2点）

(1) 一分は六十びょう｛秒（○）　少｝です。

(2) 漢字《かんじ》の練習《れんしゅう》ちょう｛帳　長｝。

(3) 体育《たいいく》のじゅ業《ぎょう》がはじ｛始　台｝まる。

(4) ふかふかしたひつじ｛洋　羊｝の毛。

(5) おくれた理《り》ゆう｛由　油｝を言う。

とく点　　点

**2** ■の部分《ぶぶん》をもつ漢字《かんじ》を、□に書きましょう。（一つ3点）

(1) 少 … 十《じゅう》秒《びょう》間《かん》、目をとじる。

(2) 羊 … 新しい□《よう》服《ふく》を着《き》る。

(3) 主 … □《じゅう》所《しょ》と名前。□《はしら》のきず。

(4) 反 … □《さか》を上る。黒《こく》□《ばん》に書く。

(5) 寺 … 公園で□《ま》つ。かばんを□《も》つ。
二《に》□《とう》しょう。外国の□《し》集《しゅう》。

---

**3** 同じ部分《ぶぶん》をもつ漢字《かんじ》を書きましょう。（一つ5点）

(1) 野さいを□《あぶら》であげる。□《ふえ》をふく。

(2) 広い□《だい》所《どころ》。しあい開《かい》□《し》の時間。

(3) □《じゅう》所《しょ》と名前。□《ちゅう》文《もん》した食《た》べ物《もの》。

(4) 黒《こく》□《ばん》に字を書く。すぐ□《へん》事《じ》をする。

(5) 荷物《にもつ》を手に□《も》つ。家の前で□《ま》つ。
一《いっ》□《とう》になる。教科書の□《し》を読む。

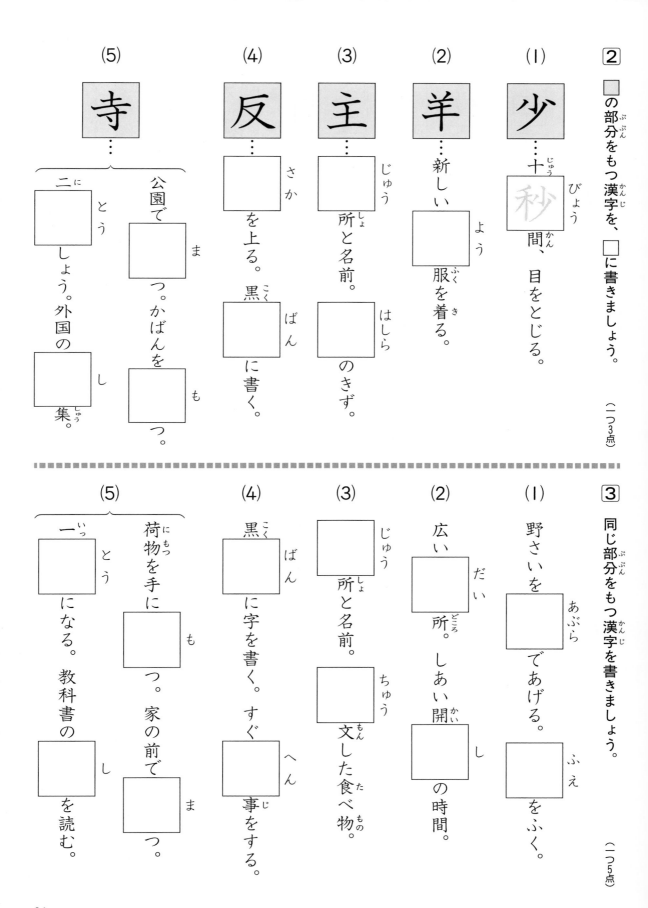

# 31 形のにた漢字《かんじ》②

## 形のよくにた漢字《かんじ》

漢字《かんじ》には、形のよくにたものがあります。

水・氷
- ・コップの水。
- ・つめたい氷《こおり》。

おぼえよう ●の部分《ぶぶん》に注意《ちゅうい》して、書きましょう。

- 全・金：全部《ぜんぶ》。金曜日。
- 音・昔：音楽。昔話《むかしばなし》。
- 役・投：役者《やくしゃ》。投手《とうしゅ》。
- 田・由・申：田んぼ。理由《りゆう》。申《もう》しこむ。
- 負・員・買：負《ま》ける。全員《ぜんいん》。買《か》う。
- 化・北：お化《ば》け。北国。
- 皿・血：お皿《さら》。血《ち》が出る。
- 根・銀：根《ね》っこ。金と銀《ぎん》。

1 ——の読みがなに合う漢字《かんじ》を、○でかこみましょう。（一つ2点）

(1) コップにこおり｛水・氷｝を入れる。

(2) 問題《もんだい》がぜん｛全・金｝部《ぶ》とけた。

(3) おもしろいむかし｛音・昔｝話《ばなし》を読む。

(4) きず口からち｛皿・血｝が出てくる。

(5) 広いた｛田・申｝んぼで米を作る。

とく点　点

**2** 形に気をつけて、漢字《かんじ》を書きましょう。（一つ5点）

(1)
円い□《さら》。
□《ち》が出る。

(2)
□《きた》の方角。
お□《ば》けのすがた。

(3)
げきの□《やく》者《しゃ》。
野《や》球《きゅう》の□《とう》手《しゅ》。

(4)
しあいに□《ま》ける。
本を□《か》う。

(5)
木の□《ね》っこ。
□《ぎん》メダル。

(6)
□《みず》を飲《の》む。
□《こおり》を入れる。

**3** 漢字《かんじ》のまちがいに×をつけて、右がわに正しく書きましょう。（一つ6点）

〈れい〉 ~~母~~（毎）朝《まいあさ》、顔《かお》をあらう。

(1) 由《もう》しこみ用紙《ようし》に出場者《しゅつじょうしゃ》の名前《なまえ》を書《か》く。

(2) 大《おお》きな血《さら》に肉《にく》と野《や》さいをもりつける。

(3) 相手《あいて》を目《め》がけて、野球《やきゅう》のボールを役《な》げた。

(4) 学級《がっきゅう》の全買《ぜんいん》で、電車《でんしゃ》に乗《の》った。

(5) 妹《いもうと》に音話《むかしばなし》の絵本《えほん》を読《よ》んであげる。

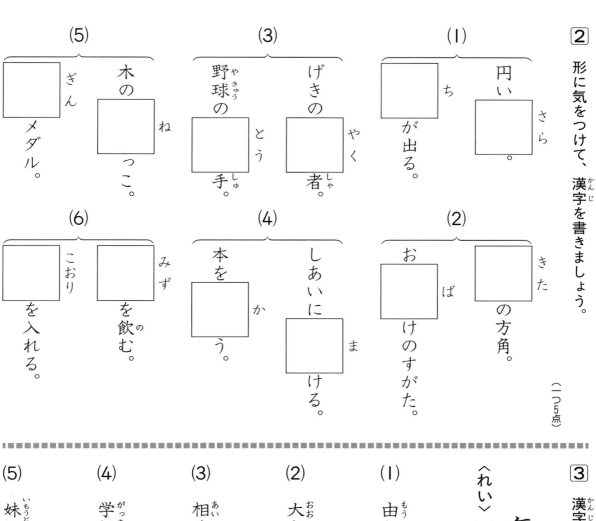

32

# ふくしゅうドリル⑤

1 ――の漢字《かんじ》の読みがなを書きましょう。（一つ2点）

(1)
美《うつく》しい曲。（　）
曲がり角《かど》。（　）

(2)
家族《かぞく》写真《しん》。（　）
写した文字。（　）

(3)
平泳《およ》ぎ。（　）
平らな土地。（　）

(4)
幸せにくらす。（　）
幸いぶじだった。（　）

(5)
短時間《じかん》。（　）
短く切る。（　）

(6)
体《たい》重がふえる。（　）
き重な体けん。（　）

2 次《つぎ》の漢字《かんじ》を書きましょう。（一つ2点）

(1) 〈たて物《もの》やしせつ〉

［えき］前《まえ》の通り。長い［はし］をわたる。

［みなと］の近くにある［みせ］に入る。

(2) 〈学校や学習《がくしゅう》〉

理科の［べんきょう］。

算数の［しゅくだい］。

長い［ぶんしょう］を読む。

学級《がっきゅう》［ぶんこ］。

とく点　　点

**3** 形に気をつけて、漢字《かんじ》を書きましょう。（一つ3点）

(1)
急《きゅう》な□《さか》道《みち》。
□《へん》事《じ》をする。

(2)
□《ちゅう》文《もん》する。
□《はしら》の時計《とけい》。

(3)
箱《はこ》を□《も》つ。
友人を□《ま》つ。

(4)
□《おん》楽《がく》をきく。
□《むかし》の歌。

(5)
草や木の□《ね》。
□《ぎん》色《いろ》に光る。

(6)
大きな□《さら》。
きず口《ぐち》の□《ち》。

---

**4** 漢字《かんじ》のまちがいに×をつけて、右がわに正しく書きましょう。（(1)4点、(2)〜(5)5点）

〈れい〉 ~~地~~《いけ》池で魚《さかな》が泳《およ》ぐ。

(1) お北《ば》けの出《で》てくる物語《ものがたり》は、読《よ》む気《き》がしない。

(2) 夏休《なつやす》みの自申研究《じゆうけんきゅう》を発表《はっぴょう》する。

(3) 電車《でんしゃ》に全買《ぜんいん》がのってから話《はなし》を聞《き》いた。

(4) 学級《がっきゅう》で行《おこな》うげきの主投《しゅやく》にえらばれる。

(5) 弟《おとうと》は、一詩《いっとう》のしょう品《ひん》を受《う》け取《と》った。

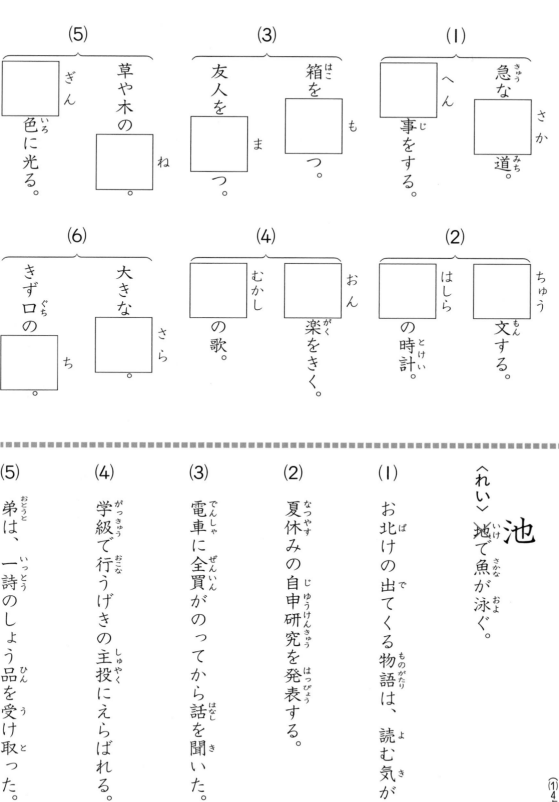

# 33 同じ読み方の漢字《かんじ》①

## 同じ音《おん》の漢字《かんじ》①

同じ音読《おんよ》みの漢字《かんじ》を使《つか》い分《わ》けましょう。

いん

おぼえよう

- い…医者《しゃ》・委員《いん》・意味《み》
- おう…王様《さま》・中《ちゅう》央・横だん歩道《ほどう》
- かん…時《じ》間・感想《そう》・漢字《じ》・図書《としょ》館・寒風《ぷう》
- きゅう…休日《じつ》・研《けん》究・急流《りゅう》・学《がっ》級会《かい》・野《や》球
- こう…工場《じょう》・公園《えん》・交通《つう》・日《にっ》光・参《さん》考書《しょ》・旅《りょ》行・高原《げん》・方《ほう》向・幸福《ふく》・空《くう》港
- し…中《ちゅう》止・市長《ちょう》・用《よう》紙・仕事《ごと》・生《せい》死・使用《よう》・指名《めい》・歯科《か》医《い》・詩集《しゅう》
- しゅう…今《こん》週・九《きゅう》州・終点《てん》・学《がく》習・文《ぶん》集

**1** ——の読みがなに合う漢字《かんじ》を、〇でかこみましょう。（一つ2点）

(1) 図書《としょ》い｛医　委｝員《いん》の仕事《しごと》をする。

(2) 自由研《じゆうけん》きゅう｛休　究｝を発表《はっぴょう》する。

(3) パンこう｛工　公｝場《じょう》を見学する。

(4) 九しゅう｛州　週｝のおじさんの家に行く。

(5) 雨のため、運動会《うんどうかい》が中《ちゅう》し｛死　止｝になる。

とく点

点

**2** [いん]と読む漢字《かんじ》を、□に書きましょう。（一つ5点）

(1) いん

親切な駅《えき》□。

病《びょう》□のけんさ。

(2) おう

公園の中《ちゅう》□。

□だん歩道《ほどう》。

(3) かん

読書□想文《そうぶん》。

市の図書《としょ》□。

(4) こう

家族《かぞく》で旅《りょ》□する。

空《くう》□のひこうき。

(5) し

用《よう》□をくばる。

父の□事《ごと》。

(6) しゅう

バスの□点《てん》。

家での学《がく》□時間。

---

**3** 漢字《かんじ》のまちがいに×をつけて、右がわに正しく書きましょう。（一つ6点）

〈れい〉来週《らいしゅう》、~~園~~足《えんそく》がある。　遠

(1) 国語《こくご》じてんで言葉《ことば》の委味《いみ》を調《しら》べる。

(2) 教室《きょうしつ》の中横《ちゅうおう》にあるけい光《こう》とうを取《と》りかえる。

(3) 午後《ごご》から、学究委員《がっきゅういいん》を決《き》める。

(4) バスは、学校《がっこう》の方行《ほうこう》に走《はし》った。

(5) 休日《きゅうじつ》に、体育館《たいいくかん》を指用《しよう》して遊《あそ》んだ。

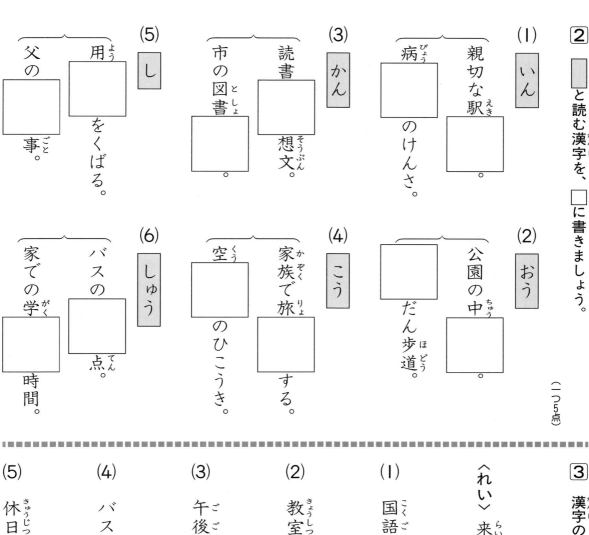

# 34 同じ読み方の漢字《かんじ》②

## 同じ音《おん》の漢字《かんじ》②

33回（66ページ）のほかにも、同じ音読《おんよ》みの漢字《かんじ》があります。

めい

発明《はつ》

悲《ひ》鳴

生命《せい》

おぼえよう

● しん…新聞《ぶん》・中《ちゅう》心・親切《せつ》・身長《ちょう》
神話《わ》・写《しゃ》真・水《すい》深・行《こう》進

● せい…正門《もん》・生命《めい》・青年《ねん》・西方《ほう》・発《はっ》声
火《か》星・晴天《てん》・世紀《き》・整理《り》

● しょう…少年《ねん》・昭和《わ》・消火《か》・商品《ひん》・文《ぶん》章・勝負《ぶ》

● そう…力《りき》走・相談《だん》・放《ほう》送・感《かん》想・早朝《ちょう》・草原《げん》

● だい…台所《どころ》・代表《ひょう》・第一回《いっかい》・題名《めい》

● ちょう…市《し》長・白《はく》鳥・早《そう》朝・二《に》丁目《め》・手《て》帳・調子《し》

● とう…当番《ばん》・東京《きょう》・投手《しゅ》・登場《じょう》・一《いっ》等

1 ──の読みがなに合う漢字《かんじ》を、○でかこみましょう。（一つ2点）

(1) 火事《かじ》のしょう｛少・消｝火活動《かかつどう》の様子《ようす》。

(2) 父は、毎朝、しん｛新・心｝聞《ぶん》を読む。

(3) せい｛青・晴｝天《てん》の日が、何日もつづく。

(4) 早《そう》ちょう｛鳥・朝｝の空気は気持《きも》ちよい。

(5) きゅう食《しょく》とう｛当・投｝番《ばん》になる。

とく点　点

**2** □と読む漢字《かんじ》を、□に書きましょう。（一つ5点）

(1) しょう

□和《わ》生まれ。

長い文《ぶん》□。

(2) しん

□長《ちょう》がのびる。

ギリシア□話《わ》。

(3) そう

□談相手《だんあいて》。

読書感《かん》□文《ぶん》。

(4) とう

物語《ものがたり》の□場人物《じょうじんぶつ》。

一《いっ》□しょう。

(5) だい

学級《がっきゅう》の□表《ひょう》。

本の□名《めい》。

(6) めい

生《せい》□のたん生。

悲《ひ》□をあげる。

---

**3** 漢字《かんじ》のまちがいに×をつけて、右がわに正しく書きましょう。（一つ6点）

〈れい〉算数《さんすう》の~~形~~（計）算《けいさん》をする。

(1) 運動会《うんどうかい》の入場行心《にゅうじょうこうしん》の練習《れんしゅう》をする。

(2) 引《ひ》き出《だ》しの中《なか》を正理《せいり》すると、昔《むかし》の写真《しゃしん》があった。

(3) 昼《ひる》の校内放走《こうないほうそう》で、楽《たの》しい音楽《おんがく》が流《なが》れた。

(4) 姉《あね》は、手調《てちょう》に今週《こんしゅう》の予定《よてい》を書《か》いている。

(5) 店先《みせさき》に勝品《しょうひん》をならべて、客《きゃく》に売《う》る。

# 35 同じ読み方の漢字《かんじ》③

**同じ訓《くん》の漢字《かんじ》**

同じ訓読《くんよ》みの漢字《かんじ》を使《つか》い分《わ》けましょう。

かわ

川の魚。

バナナの皮。

おぼえよう

- は…木の葉。歯ブラシ。 ● み…木の実。身の回《まわ》り。
- はな…春にさく花。鼻をかむ。
- もの…人気《にんき》者。食《た》べ物。
- き(る)…はさみで紙を切る。洋服《ようふく》を着る。
- のぼ(る)…さけが川を上る。さるが木に登る。
- お(う)…ねこがねずみを追う。きずを負う。
- はな(す)…先生に話す。川に魚を放す。
- かえ(る)…家に帰る。ひっくり返る。
- あ(ける)…家を空ける。夜が明ける。戸を開ける。

1 ――の読みがなに合う漢字《かんじ》を、○でかこみましょう。 (一つ2点)

(1) みかんのかわ {川・皮} をむく。

(2) 新しいは {葉・歯} ブラシを買う。

(3) のこぎりで板《いた》をき {切・着} る。

(4) 自転車《じてんしゃ》で転《ころ》んで、きずをお {追・負} った。

(5) 夜があ {空・明} けると、空が白くなった。

とく点　　点

2 □と読む漢字《かんじ》を、□に書きましょう。（一つ5点）

(1) はな
さくらの□。
声《ごえ》になる□。

(2) もの
クラスの人気《にんき》□。
おいしい食《た》べ□。

(3) はな(す)
大声で□す。
魚を川に□す。

(4) のぼ(る)
船で川を□る。
高い山に□る。

(5) かわ
□の魚。
みかんの□。

(6) お(う)
きずを□う。
はん人を□う。

3 漢字《かんじ》のまちがいに×をつけて、右がわに正しく書きましょう。（一つ6点）

〈れい〉 校門《こうもん》の前《まえ》で友《とも》だちに~~答~~《あ》う。 会

(1) 公園《こうえん》の木《き》の歯《は》が風《かぜ》にふかれてとばされる。

(2) 毎日《まいにち》、実《み》の回《まわ》りのことを自分《じぶん》でする。

(3) ピアノの発表会《はっぴょうかい》に切《き》る服《ふく》を買《か》う。

(4) 大《おお》きな音《おと》におどろいて、ひっくり帰《かえ》った。

(5) 午後《ごご》から暑《あつ》くなったので、まどを明《あ》けた。

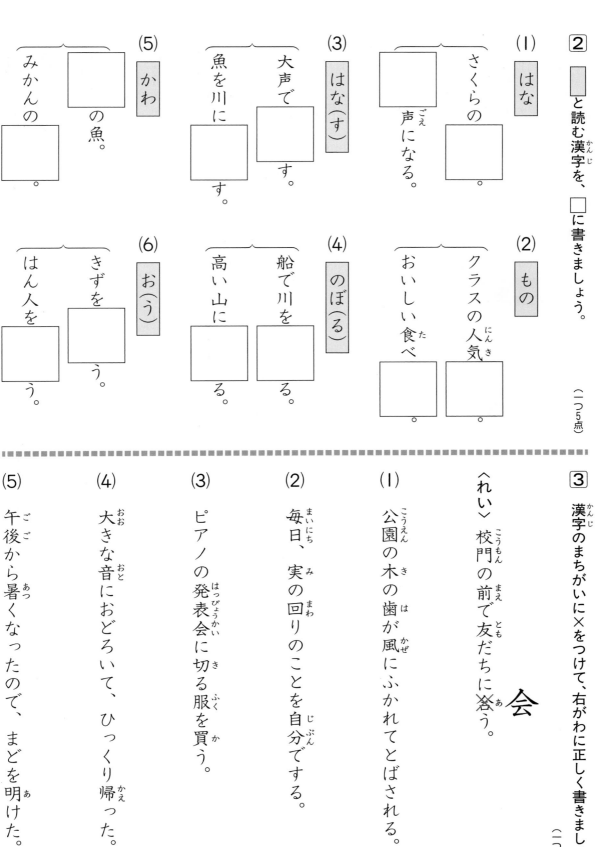

36

# 漢字《かんじ》を組み合わせた言葉《ことば》①

## 漢字《かんじ》でできた言葉《ことば》

漢字《かんじ》は、ほかの漢字《かんじ》と組み合わさって、いろいろな言葉《ことば》を作ります。

①漢字《かんじ》二字の言葉《ことば》。

作

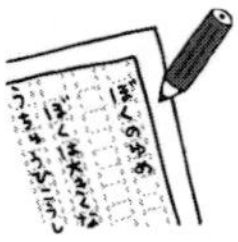
作文《さくぶん》

作品《さくひん》

作家《さっか》

工作《こうさく》

作業《さぎょう》

れい
- 国…国王《こくおう》・国語《こくご》・外国《がいこく》・雪国《ゆきぐに》・島国《しまぐに》
- 実…実力《じつりょく》・実物《じつぶつ》・実感《じっかん》・事実《じじつ》・真実《しんじつ》
- 直…直線《ちょくせん》・直角《ちょっかく》・直後《ちょくご》・日直《にっちょく》・正直《しょうじき》
- 方…方向《ほうこう》・方角《ほうがく》・両方《りょうほう》・前方《ぜんぽう》・朝方《あさがた》

②漢字《かんじ》三字の言葉《ことば》。

会

音楽会《おんがくかい》

食事会《しょくじかい》

学級会《がっきゅうかい》

勉強会《べんきょうかい》

れい
- 所…市役所《しやくしょ》・発電所《はつでんしょ》・研究所《けんきゅうじょ》

1 ――の漢字《かんじ》と組み合わさって、漢字《かんじ》二字の言葉《ことば》ができる漢字《かんじ》を、〇でかこみましょう。
（(1)〜(4)一つ3点、(5)一つ4点）

(1) 遠足の作《さく》｛月《げつ》・文《ぶん》｝を書く。（文に〇）

(2) ｛先《せん》・外《がい》｝国《こく》で使《つか》われているお金。

(3) ノートに直《ちょく》｛線《せん》・正《せい》｝を二本引いた。

(4) 学校がある方《ほう》｛向《こう》・来《らい》｝にバスが進《すす》む。

(5) 正しい｛事《じ》・出《しゅつ》｝実《じつ》をつたえる。

とく点　　点

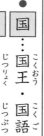

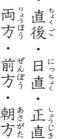

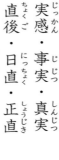

2 ――の漢字《かんじ》の読みがなを書きましょう。（一つ3点）

(1) 作
図画《ずが》工作。（　　）
昔《むかし》の作家。（　　）

(2) 方
朝方の天気。（　　）
東の方角。（　　）

(3) 国
外国の歌。（　　）
雪国の生活。（　　）

(4) 実
実物の大きさ。（　　）
すぐ実行する。（　　）

(5) 直
日直の仕事《しごと》。（　　）
直角。（　　）

(6) 方
駅《えき》の方向に歩く。（　　）
前方に見える。（　　）

3 次《つぎ》の漢字《かんじ》に□の漢字《かんじ》を組み合わせて言葉《ことば》を作ります。□から漢字《かんじ》をえらんで□に書きましょう。（一つ4点）

(1) 作□・作□

(2) 方□・□方・□方

(3) 実□・□実・□実

(4) □会・□会

(5) □所・□所

角・品・文・朝・学級・市役
感・事・両・真・発電・音楽

# 37 漢字《かんじ》を組み合わせた言葉《ことば》②

## 漢字《かんじ》の表《あらわ》す意味《いみ》

漢字《かんじ》には、いくつかの意味《いみ》があります。「長《ちょう》」の意味《いみ》を調《しら》べてみましょう。

身《しん》長をはかる。（ながい。ながさ。）

長期《き》の工事《こうじ》。（時間がながくかかること。）

朝顔の成《せい》長。（大きくそだつこと。）

年《ねん》長の人。（年上。）

自分の長所《しょ》。（すぐれているところ。）

市《し》長が話す。（だいひょうする人。）

このように、「長」は、いろいろな意味《いみ》で使《つか》われています。

**1** 次《つぎ》の「長《ちょう》」の意味《いみ》に合うほうをえらんで、○をつけましょう。（一つ6点）

(1) 身《しん》長が三センチメートルのびた。
- （○）ながい。ながさ。
- （　）年上。

(2) けんせつ工事《こうじ》が長期《き》にわたる。
- （　）大きく育《そだ》つこと。
- （　）時間が長くかかること。

(3) ひまわりの成《せい》長の記ろくをつける。
- （　）大きく育《そだ》つこと。
- （　）代表《だいひょう》すること。

(4) 長所《しょ》は明るいところです。
- （　）時間が長くかかること。
- （　）すぐれているところ。

とく点　　点

**2** ――の漢字《かんじ》の意味《いみ》を[ ]からえらんで、記号《きごう》を書きましょう。（一つ7点）

(1) 車の荷《に》台に道具《どうぐ》を入れる。……（　　）

ア 物《もの》をのせる所《ところ》。
イ 高くなっていて、見わたせる所《ところ》。

(2) 直線《せん》の道路《どうろ》が、どこまでもつづく。……（　　）

ア 正しくすること。
イ まっすぐであること。

(3) 当せんの通知《ち》がとどく。……（　　）

ア 知らせること。
イ 行き来すること。

(4) 正《せい》方形《けい》のおり紙を用意《ようい》する。……（　　）

ア 向《む》きや方角。
イ 四角。

**3** [ ]から漢字《かんじ》をえらんで、次《つぎ》の意味《いみ》に合う漢字《かんじ》の言葉《ことば》を作りましょう。（一つ8点）

(1)
① 体の長さ。せいの高さ。……［　］長
② 年上。……［　］長
③ 市の仕事《しごと》をする代表者《だいひょうしゃ》。……［　］長

年・所《しょ》・身《しん》・市

(2)
① 点をならべたような線。……点［　］
② 火をつけること。……点［　］
③ 点数がおなじであること。……［　］点

火・線・同・終《しゅう》

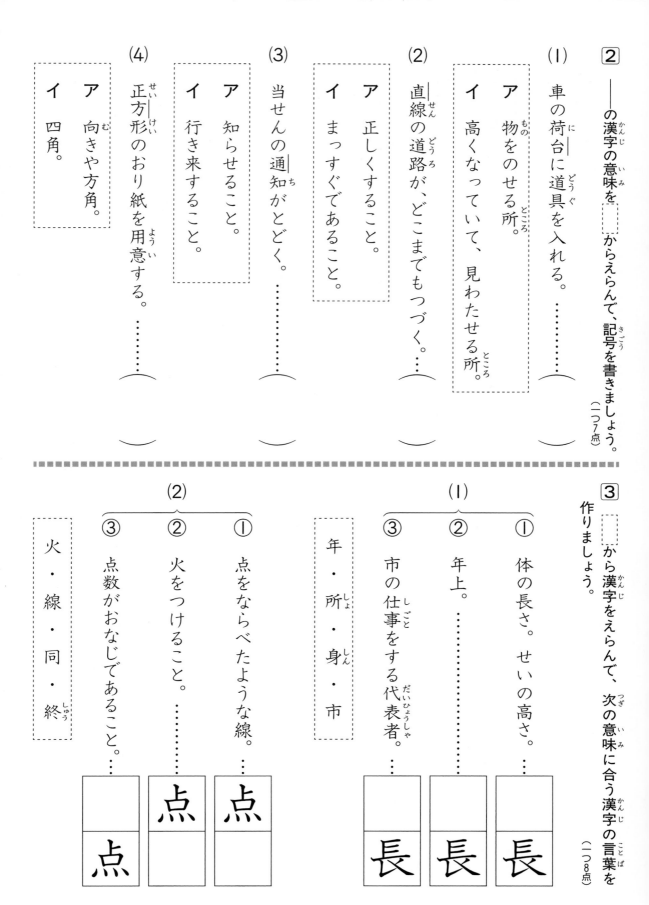

38

# 漢字《かんじ》を組み合わせた言葉《ことば》③

**漢字《かんじ》の組み合わせ方**

漢字《かんじ》二字でできた言葉《ことば》には、次《つぎ》のような組み合わせでできたものがあります。

①反対《はんたい》の意味《いみ》になる漢字《かんじ》を組み合わせたもの。

上 ＋ 下 → 上下

れい
- 大＋小→大小
- 左＋右→左右
- 内＋外→内外
- 長＋短→長短《ちょうたん》

②関係《かんけい》のある漢字《かんじ》を組み合わせたもの。

手 ＋ 足 → 手足

れい
- 田＋畑→田畑《たはた》
- 身＋体→身体《しんたい》
- 道＋路→道路《どうろ》
- 起＋立→起立《きりつ》

③上の漢字《かんじ》が下の漢字《かんじ》をくわしくしているもの。

白い ＋ 線 → 白線

れい
- 新しい＋年→新年
- 強い＋風→強風
- 短《みじか》い＋文→短文《たんぶん》
- 早い＋朝→早朝

**1** 次《つぎ》の漢字《かんじ》と反対《はんたい》の意味《いみ》になる漢字《かんじ》を、〇でかこみましょう。（一つ5点）

(1) 上：天　（下）
(2) 内：外　中
(3) 大：中　小
(4) 強：弱　大

**2** 次《つぎ》の漢字《かんじ》と関係《かんけい》のある漢字《かんじ》を、〇でかこみましょう。（一つ5点）

(1) 手：外　足
(2) 森：林　図
(3) 身：体　店
(4) 道：路　話

とく点　　点

3 □の言葉《ことば》を、次《つぎ》のものに分けて書きましょう。（一つ4点）

(1) 反対《はんたい》の意味《いみ》になる漢字《かんじ》を組み合わせたもの。

〈れい〉上＋下→上下

□□・□□

(2) 関係《かんけい》のある漢字《かんじ》を組み合わせたもの。

〈れい〉手＋足→手足

□□・□□

(3) 上の漢字《かんじ》が下の漢字《かんじ》をくわしくしているもの。

〈れい〉白い＋線→白線

□□・□□

内外・身体《しんたい》・強風・前後
早朝・田畑《たはた》・強弱

4 □から漢字《かんじ》をえらんで、反対《はんたい》の意味《いみ》になる漢字《かんじ》を組み合わせた言葉《ことば》を作りましょう。（一つ5点）

(1) 大□

(2) 強□

(3) 長□

(4) 前□

短・弱・後・小

5 上の漢字《かんじ》が下の漢字《かんじ》をくわしくしている言葉《ことば》を作りましょう。（一つ4点）

〈れい〉白い＋線→白線

(1) 強い＋風→□□

(2) 新しい＋年→□□

(3) 短《みじか》い＋文→□□

# 39 ふくしゅうドリル⑥

1 [ ]の言葉《ことば》を、次《つぎ》のものに分けて書きましょう。（一つ3点）

(1) 反対《はんたい》の意味《いみ》になる漢字《かんじ》を組み合わせたもの。

〈れい〉大＋小→大小

[ ]・[ ]

(2) 関係《かんけい》のある漢字《かんじ》を組み合わせたもの。

〈れい〉森＋林→森林

[ ]・[ ]

(3) 上の漢字《かんじ》が下の漢字《かんじ》をくわしくしているもの。

〈れい〉古い＋本→古本

[ ]・[ ]

道路《どうろ》・強弱・早朝
強風・身体《しんたい》・前後

2 ――の漢字《かんじ》の意味《いみ》を[ ]からえらんで、記号《きごう》を書きましょう。（一つ4点）

(1) 合かくの通知がとどく。……（ ）

(2) 妹といっしょに通学する。……（ ）

ア かようこと。
イ ものごとをよく知っている。
ウ 知らせること。

(3) 雨がふる直前に着《つ》いた。……（ ）

(4) 地図の上に直線を引く。……（ ）

ア すなおであること。
イ すぐに。
ウ まっすぐなこと。

とく点 [ ]点

**3** □と読む漢字《かんじ》を、□に書きましょう。（一つ3点）

(1) しょう

文《ぶん》□を読む。

□ぼう車。

(2) とう

主役《しゅやく》が□場《じょう》する。

そうじ□番《ばん》になる。

(3) きゅう

理科の研《けん》□。

学《がっ》□委員《いいん》。

(4) こう

ぎゃくの方《ほう》□。

空《くう》□で待《ま》つ。

(5) はな(す)

大声で□す。

鳥を空に□す。

(6) み

服《ふく》を□につける。

木の□を拾《ひろ》う。

**4** 漢字《かんじ》のまちがいに×をつけて、右がわに正しく書きましょう。（一つ6点）

〈れい〉友《とも》だちと~~交~~公園《こうえん》で遊《あそ》ぶ。

(1) 近《ちか》くの図《と》書《しょ》感《かん》で、本《ほん》を三《さん》さつかりた。

(2) きょうの体育《たいいく》の時間《じかん》になわとびを練終《れんしゅう》する。

(3) 広《ひろ》い草原《そうげん》に、白《しろ》い鼻《はな》がたくさんさいている。

(4) 学校《がっこう》からの返《かえ》り道《みち》には、市役所《しやくしょ》がある。

(5) 夜《よ》空《あ》け前《まえ》に起《お》きて、新《あたら》しい服《ふく》に着《き》かえた。

40

# 送《おく》りがな①

## 漢字《かんじ》の読み方と送《おく》りがな

**漢字《かんじ》のあとにつづけて、読み方をはっきりさせるかなを、「送《おく》りがな」といいます。**

上

台に上《あ》がる。

けむりが上《のぼ》る。

入

箱《はこ》に入《い》れる。

ふろに入《はい》る。

このように、——の送《おく》りがながあると、漢字《かんじ》の読み方が、はっきりわかります。

おぼえよう

行

駅《えき》へ行《い》く。

式《しき》を行《おこな》う。

教

道《みち》を教《おし》える。

字を教《おそ》わる。

細

細《ほそ》いひも。

細《こま》かい字。

少

人が少《すく》ない。

少《すこ》しのこる。

1 ——の漢字《かんじ》の読みがなを、（ ）でかこみましょう。（一つ4点）

(1) 台に上がる。
あ のぼ

(2) 箱《はこ》に荷物《にもつ》を入れる。
い はい

(3) 始業式《しぎょうしき》を行う。
い おこな

(4) 使《つか》い方《かた》を教える。
おし おそ

(5) 細かい部品《ぶひん》。
ほそ こま

(6) メンバーが少ない。
すく すこ

とく点
点

**2** 送《おく》りがなに注意《ちゅうい》して、——の漢字《かんじ》の読みがなを書きましょう。（一つ3点）

(1)
台に上がる。（あ　　）
川を上る。（　　）

(2)
学校へ行く。（　　）
式《しき》を行う。（　　）

(3)
箱《はこ》に入れる。（　　）
教室に入る。（　　）

(4)
少ない人数。（　　）
少しのこる。（　　）

(5)
細い道。（　　）
細かいつぶ。（　　）

(6)
住所《じゅうしょ》を教える。（　　）
先生に教わる。（　　）

**3** ——の言葉《ことば》の送《おく》りがなを書きましょう。（一つ5点）

(1) けむりが上にのぼる。　上（る　　）
(2) ボールを箱《はこ》にいれる。　入（　　）
(3) ほそいひもでしばる。　細（　　）
(4) 駅《えき》までの道をおしえる。　教（　　）
(5) けっこん式《しき》をおこなう。　行（　　）
(6) 晴《は》れの日がすくない。　少（　　）
(7) 先生に漢字《かんじ》をおそわる。　教（　　）
(8) もけいのこまかい部品《ぶひん》。　細（　　）

# 41 送《おく》りがな②

動《うご》きを表《あらわ》す言葉《ことば》には、使《つか》い方《かた》によって、送《おく》りがながかわるものがあります。

## 送《おく》りがなのかわる言葉《ことば》①

● 歩く

- 横《よこ》にならんで歩［か］ない。
- 道の右がわを歩［き］ます。
- 道を歩［く］ときに注意《ちゅうい》する。
- 少し歩［け］ば、学校が見えます。
- 公園までゆっくり歩［こ］う。
- おじいさんと公園を歩［い］た。

### おぼえよう

● 遊《あそ》ぶ

- 遊《あそ》［ば］ない。
- 遊《あそ》［び］ます。
- 遊《あそ》［ぶ］とき、
- 遊《あそ》［べ］ば、
- 遊《あそ》［ぼ］う。
- 遊《あそ》［ん］だ。

● 走る

- 走［ら］ない。
- 走［り］ます。
- 走［る］とき、
- 走［れ］ば、
- 走［ろ］う。
- 走［っ］た。

● 買う

- 買［わ］ない。
- 買［い］ます。
- 買［う］とき、
- 買［え］ば、
- 買［お］う。
- 買［っ］た。

**1** □に合う送《おく》りがなを書きましょう。（一つ4点）

(1) 聞く

- 兄の話を聞①［か］ない。
- 話を聞②□ば、よくわかる。
- 先生の話を聞③□た。

(2) 遊《あそ》ぶ

- マットの上で遊《あそ》①□ます。
- 遊《あそ》②□ときには気をつける。
- 時間まで思いきり遊《あそ》③□う。

とく点　　点

**2** □に合う送《おく》りがなを書きましょう。（一つ5点）

(1) 走る

ろう下では走①□ないこと。

走②[る]と、息《いき》がハアハアした。

朝、公園を走③□ます。

いっしょに走④□う。

(2) 買う

むだな物《もの》は、買①□ないようにする。

あす、新しいノートを買②□う。

たくさん買③□ば、安《やす》くしてくれる。

友だちにプレゼントを買④□た。

**3** □の言葉《ことば》を、文に合う形で（　）に書きましょう。（一つ6点）

(1) 行く

① 夕方、母が買《か》い物《もの》に（行き）ます。

② 父は、朝早く会社へ（　）た。

(2) 話す

① 遠足のことを家族《かぞく》に（　）た。

② 大きな声で（　）ないようにする。

(3) 通る

① ここを（　）ば、犬がほえる。

② 明るい道を（　）て帰ろう。

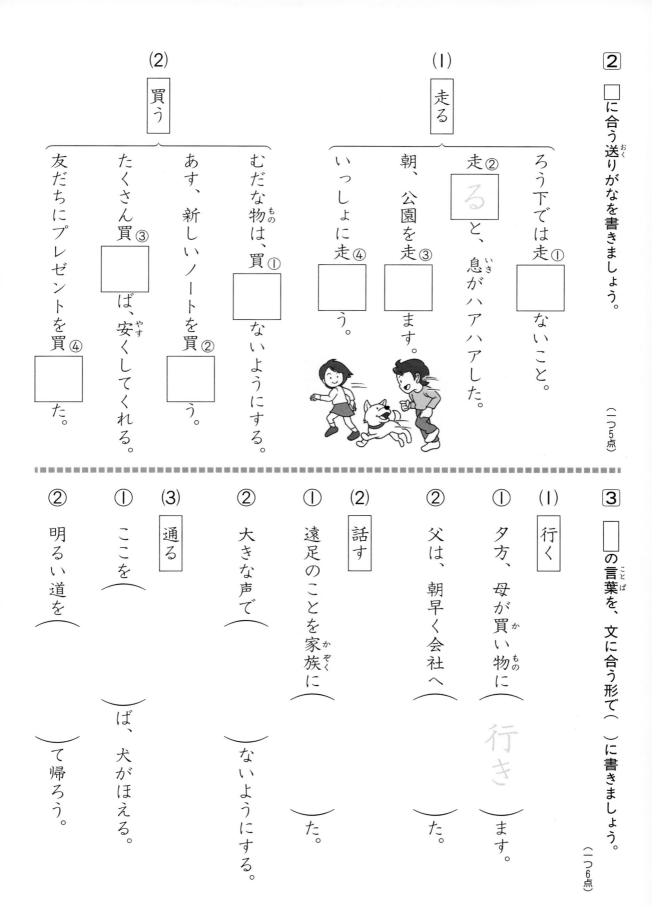

# 42 送《おく》りがな③

## 送《おく》りがなのかわる言葉《ことば》②

様子《ようす》を表《あらわ》す言葉《ことば》も、使《つか》い方《かた》によって、送《おく》りがながかわります。

● 広い

プールは広**かっ**た。
プールが広**く**なる。
広**い**プールで泳《およ》ぐ。
広**けれ**ば、みんなで遊《あそ》べる。

● 楽しい

げきは楽**しかっ**た。
歌うと楽**しく**なる。
楽**しい**げきを見る。
楽**しけれ**ば、元気になる。

言葉《ことば》が「い」「しい」で終《お》わる、様子《ようす》を表《あらわ》す言葉《ことば》は、□のように送《おく》りがながかわります。

**1** □に合う送《おく》りがなを書きましょう。（一つ4点）

(1) 近い

駅《えき》からデパートまで近①［かっ］た。
橋《はし》ができて、駅《えき》まで近②［　］なった。
駅《えき》が近③［　　］ば、べんりです。

(2) 新しい

たて物《もの》は新①［しかっ］た。
新②［　　］なった店に入る。
新③［　　　］ば、きれいだ。

とく点　　点

**2** □に合う送《おく》りがなを書きましょう。（一つ5点）

(1) 高い

① 野さいのねだんが高□□た。

② 魚のねだんが高□なる。

③ 高□（い）ねだんのくだもの。

④ 高□□ば、買わない。

(2) 苦《くる》しい

① 走ると息《いき》が苦《くる》□□□た。

② 走ると、息《いき》が苦《くる》□□なる。

③ 苦《くる》□□気持《きも》ちを話す。

④ 苦《くる》□□□ば、休もう。

**3** □の言葉《ことば》を、文に合う形で（　）に書きましょう。（一つ6点）

(1) 長い

① ひもが少し（長かっ）た。

② 糸が（　　）ば、はさみで切る。

(2) 強い

① 練習《れんしゅう》して、だんだん（　　）なる。

② 相手《あいて》チームは、とても（　　）た。

(3) 悲《かな》しい

① 友だちが転校《てんこう》して（　　）た。

② ドラマを見ていて（　　）なる。

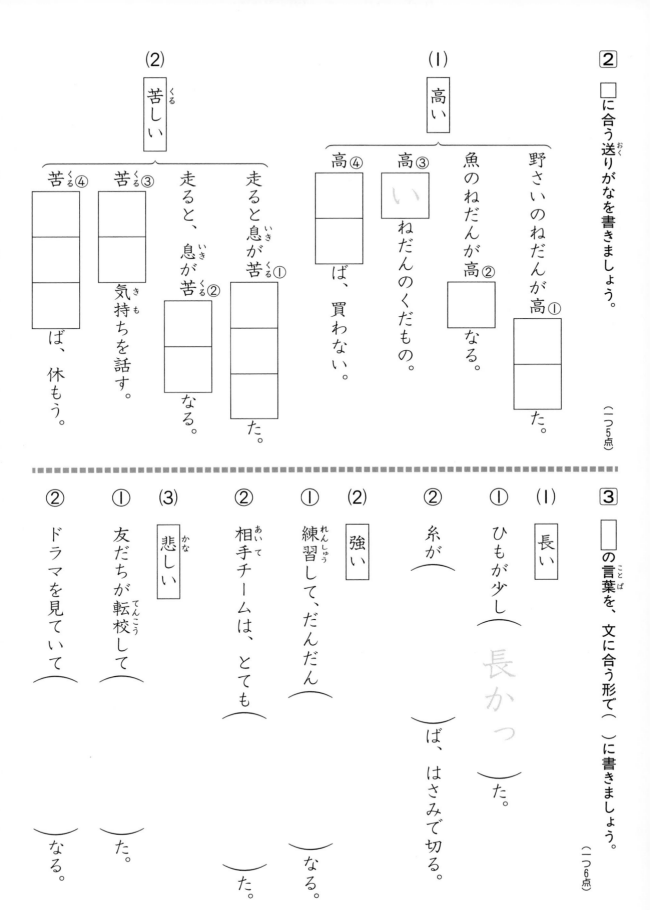

# 送《おく》りがな④

## 送《おく》りがなのかわる言葉《ことば》③

動《うご》きを表《あらわ》す言葉《ことば》の中で、41回《かい》（82ページ）とは、送《おく》りがなのかわり方がちがう言葉《ことば》があります。

●食べる

- パンを食べない。
- パンを食べます。
- 食べるときの注意《ちゅうい》。
- 食べれば、うまい。
- 早く食べよう。
- すぐに食べた。

※送《おく》りがなのはじめが、同じ音で始《はじ》まります。

## 送《おく》りがなをまちがえやすい言葉《ことば》

漢字《かんじ》と送《おく》りがなを正しく書き表《あらわ》しましょう。

かんがえる
○ 考える
× 考る

おぼえよう

- ●交《まじ》わる・整《ととの》える・表《あらわ》れる
- ●新《あら》た・平《たい》ら・幸《しあわ》せ・幸《さいわ》い
- ●短《みじか》い・美《うつく》しい・直《ただ》ちに

**1** □に合う送《おく》りがなを書きましょう。（一つ5点）

(1) 調《しら》べる

- 図かんで調《しら》①［べ］ます。
- 本で調《しら》②□□ば、よくわかる。
- 図書館《としょかん》で調《しら》③□よう。

(2) 起《お》きる

- 朝は、六時半に起《お》①［き］ます。
- 早く起《お》②□たら、走りに行く。
- 早く起《お》③□□ば、間に合う。

とく点　　点

2 ——の言葉《ことば》の送《おく》りがなを書きましょう。（一つ5点）

(1) みんなでかんがえる。
考（える）

(2) 土をたいらにする。
平（　　）

(3) みじかい物語《ものがたり》を読む。
短（　　）

(4) ただちに実行《じっこう》する。
直（　　）

(5) 道と道がまじわる。
交（　　）

(6) かみの毛をととのえる。
整（　　）

(7) うつくしいけしき。
美（　　）

(8) さいわい何事《なにごと》もなかった。
幸（　　）

3 ——の言葉《ことば》は、送《おく》りがなをまちがっています。右がわに漢字《かんじ》と送《おく》りがなを正しく書きましょう。（一つ6点）

〈れい〉空が明く（あかるく）なった。　明るく

(1) 朝は、食パンを二まい食る（たべる）。

(2) 旅行《りょこう》の日は、早くねて、早く起る（おきる）。

(3) 図書館《としょかん》から本をかりてきて調る（しらべる）。

(4) くじに当たって、よろこびが顔に表われる（あらわれる）。

(5) 家族《かぞく》は、いつまでも幸わせ（しあわせ）にくらした。

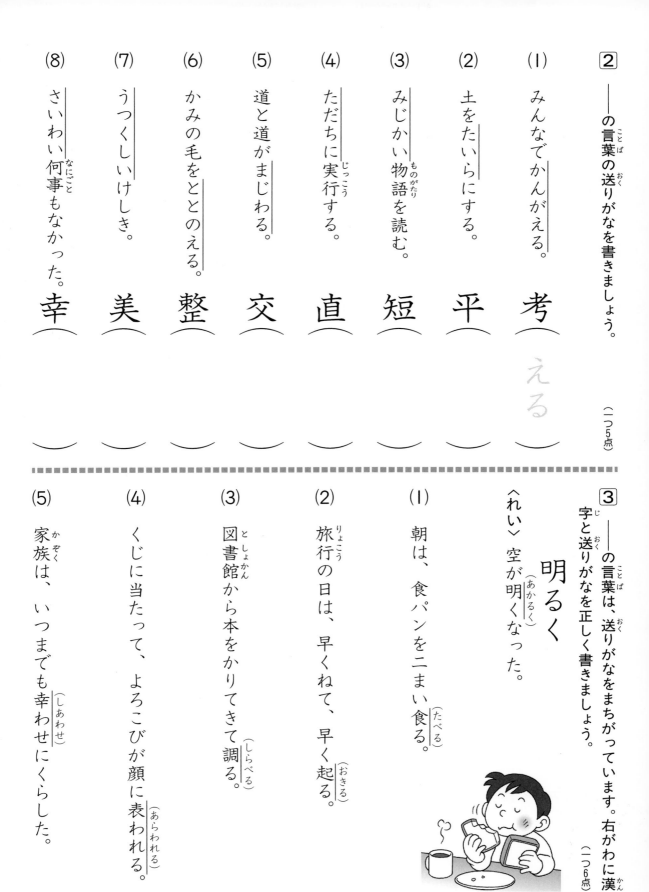

# 44 丸（。）、点（、）、かぎ（「　」）の使《つか》い方《かた》①

## 丸（。）点（、）をつけるところ

文を書くときは、丸（。）や、点（、）の使《つか》い方《かた》に気をつけましょう。

- からすが、カーカー鳴いている。
- 夕方になったので、家に帰った。

丸（。）は、文の終《お》わりにつけます。
点（、）は、文の中の意味《いみ》の切れめにつけます。

**読んでみよう**

- ぼくは、公園で遊《あそ》んだ。
- きのう、図書館《としょかん》で本をかりた。
- 学校へ行くと、校門で友だちに会った。
- 本屋《ほんや》さんに行ったが、店はしまっていた。
- 何度《なんど》も電話した。でも、だれも出なかった。
- 広場に行けば、だれかいるだろう。
- はい、わたしが山田です。

**1** □に、丸（。）か点（、）を書きましょう。（(1)～(4)一つ2点、(5)(6)一つ3点）

(1) からすが[、]カーカー鳴いている[。]

(2) わたしは□プールで泳《およ》いだ□

(3) きのう□午後から雨がふりました□

(4) 家に帰ると□父がおこっていた□

(5) かさを持《も》っていったが□雨はふらなかった□

(6) ひまわりの花がさいたので□日記に絵をかいた□

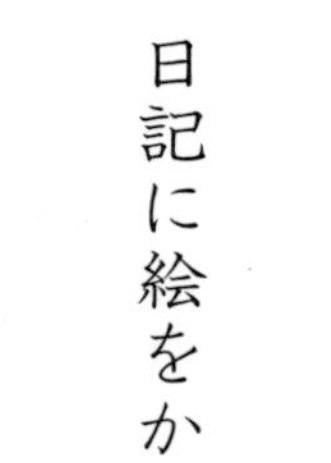

とく点　　点

2 次《つぎ》の文や文章《ぶんしょう》に、丸（。）を一つずつ書きましょう。（一つ6点）

(1) きょう、学校で　絵を　かいた。

(2) ちょうが、花畑《はなばたけ》を　とんで　いる

(3) 公園に　行くと、友だちが　待《ま》って　いた

(4) たねを　植《う》えれば、めが　出るだろう

(5) 市の　プールに　行った　でも、休みで　泳《およ》げなかった。

(6) きょうは　寒《さむ》かったので、セーターを　着《き》ました

3 意味《いみ》の切れめに注意《ちゅうい》して、次《つぎ》の文や文章《ぶんしょう》に、点（、）を一つずつ書きましょう。（一つ6点）

(1) きのう、プールで　クロールを　習《なら》った。

(2) 大きな　魚が　海の　中を　泳《およ》いで　いる。

(3) ちょう上に　着《つ》いたら　雨が　ふって　きた。

(4) 天気が　よければ　遊《あそ》びに　行こう。

(5) 暗《くら》く　なって　きた。でも　雨は　ふらなかった。

(6) ねた　時間が　早かったので　朝早く　目が　さめた。

# 45 丸（。）、点（、）、かぎ（「　」）の使《つか》い方《かた》②

## 点（、）とかぎ（「　」）をつけるところ

①点（、）をつけるところがちがうと、文の意味《いみ》もちがってしまうことがあります。

あ ここで、はブラシを買う。
い ここでは、ブラシを買う。

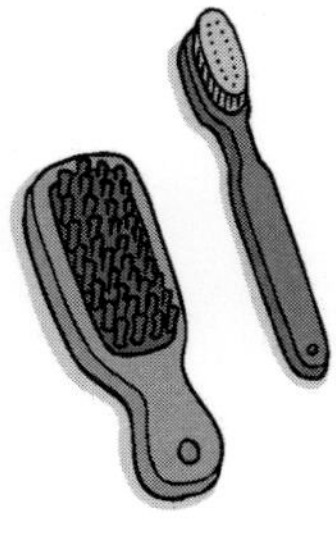

あは「歯《は》ブラシ」、いは「ブラシ」を買います。

②かぎ（「　」）は、人が話した言葉《ことば》（会話）につけます。

（一ますあける）

あきらくんが、

「遊《あそ》びに行こう。」

と言《い》った。

会話は、行をかえて書きます。また、会話の終《お》わりは、丸（。）とかぎ（」）を同じますに入れます。

**1** 次《つぎ》の文に、かぎ（「　」）をひと組ずつ書きましょう。（一つ5点）

(1) となりのおばさんが、「こんにちは。」と言いました。

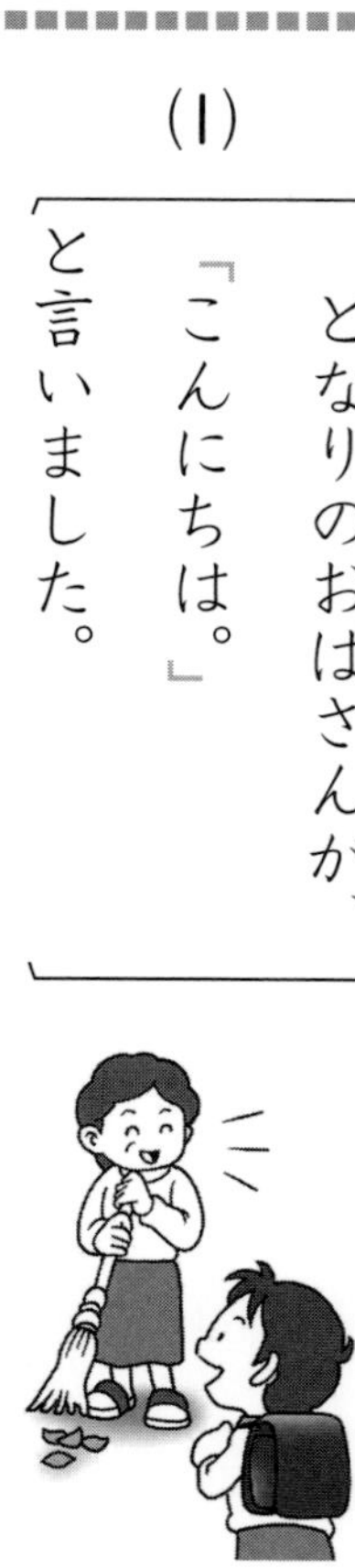

(2) けい子さんに、きょう、遊《あそ》びに来ない。とさそわれました。

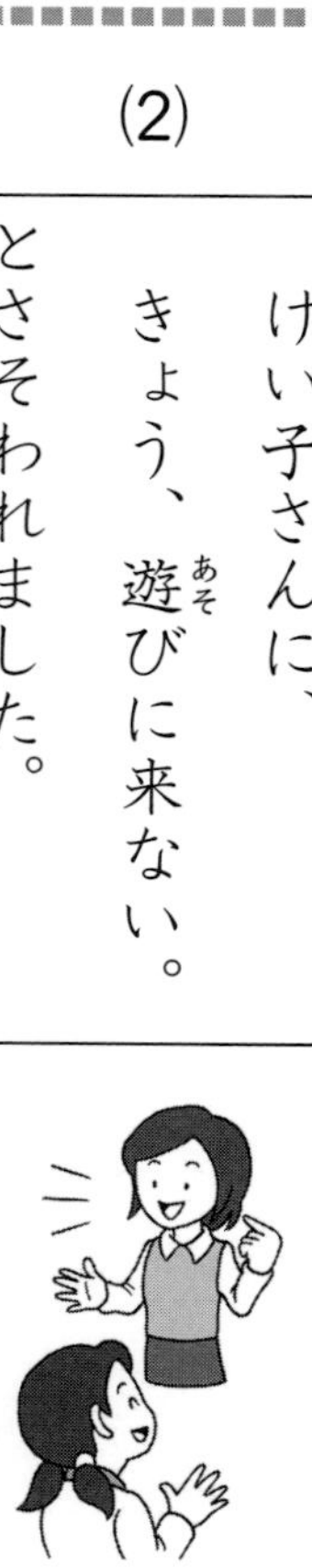

(3) おはよう。と、妹が起《お》きてきた。

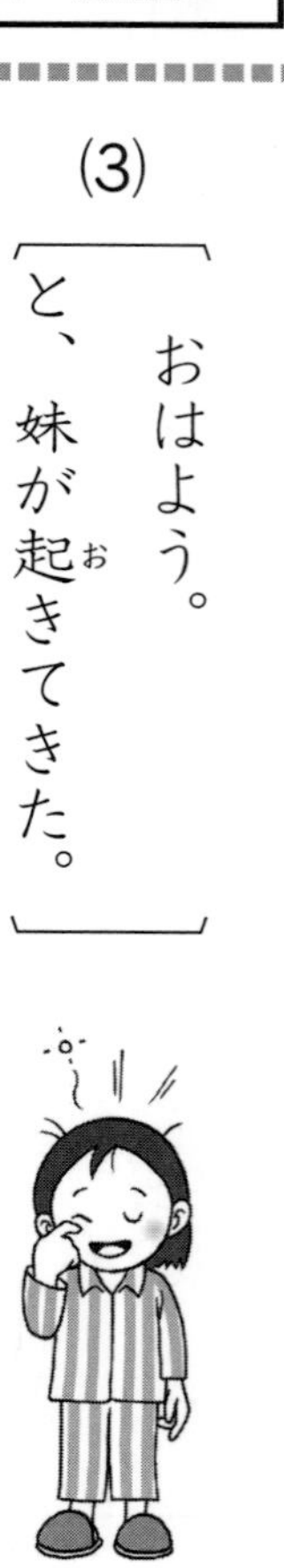

(4) あっ、にじだ。と、ゆかりさんがにこにこして言った。

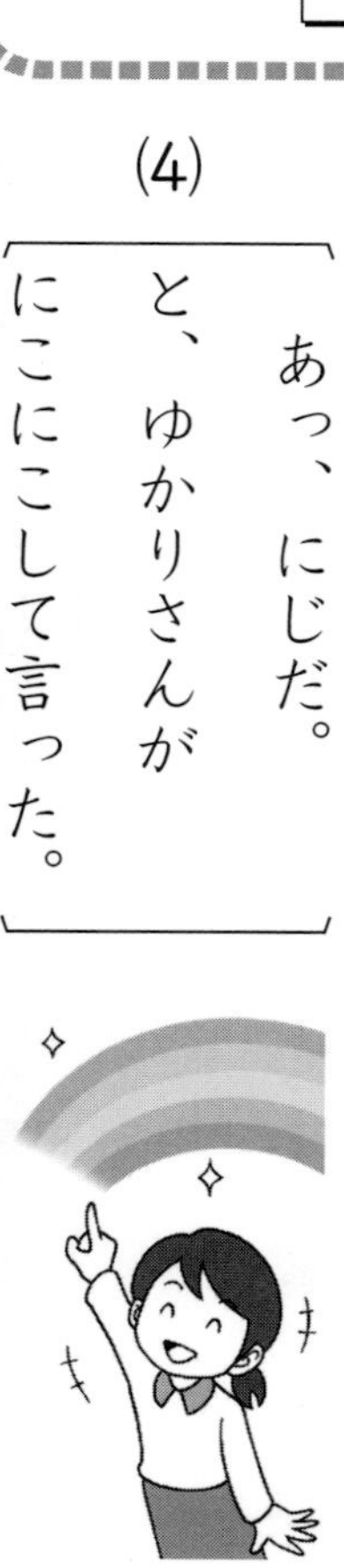

とく点　点

## ２ 〈　〉の意味《いみ》に合うように、点（、）を一つ書きましょう。（一つ8点）

(1) 〈走る〉
「ぼく、はしっている。」

(2) 〈入る〉
「わたしはいるよ。」

(3) 〈転《ころ》ぶ〉
「ぼくねころんだの。」

(4) 〈きものをぬぐ〉
「ここではきものをぬぐ。」

(5) 〈歯《は》医《い》者《しゃ》になる〉
「わたしはいしゃになりたい。」

## ３ 次《つぎ》の〔　〕の文章《ぶんしょう》に、かぎ（「　」）をひと組つけて、左の□に書きましょう。（ぜんぶ書けて一つ20点）

(1)
〔たかしくんが、あっ、魚だ。と、大声を出した。〕

一ますあける

たかしくんが、

(2)
〔わたしは、この野さいは、何。と、おじいさんに聞きました。〕

# 46 ふくしゅうドリル⑦

1 ――の言葉《ことば》の送《おく》りがなを書きましょう。（一つ3点）

(1)
集《あつ》まった人がすくない。 少（　　）
おかしがすこしのこる。 少（　　）

(2)
物《もの》を箱《はこ》にいれる。 入（　　）
新しい教室にはいる。 入（　　）

(3)
朝早く学校へいく。 行（　　）
入学式《しき》をおこなう。 行（　　）

(4)
友人に住所《じゅうしょ》をおしえる。 教（　　）
先生に漢字《かんじ》をおそわる。 教（　　）

2 □の言葉《ことば》を、文に合う形で（　）に書きましょう。（一つ4点）

(1) 言う
① 大きな声で（　　）ました。
② うそを（　　）ないようにする。

(2) 歌う
① みんなで校歌を（　　）た。
② 心をこめて歌を（　　）たい。

(3) 軽《かる》い
① 荷物《にもつ》が（　　）ば、持《も》ち上《あ》がる。
② 前よりも体重《たいじゅう》が（　　）なる。

とく点　　点

3 ――の言葉《ことば》は、送《おく》りがなをまちがっています。右がわに漢字《かんじ》と送《おく》りがなを書きましょう。（一つ4点）

〈れい〉 新らしい《あたらしい》くつを買う。　新しい

(1) 答えを書く前に、もう一度《いちど》よく考る《かんがえる》。

(2) 短かい《みじかい》間で身長《しんちょう》がのびる。

(3) 大きい道路《どうろ》と細い道路《どうろ》が交じわる《まじわる》。

(4) つくえの上をきれいに整る《ととのえる》。

(5) 美くしい《うつくしい》絵を見に、美《び》じゅつ館《かん》に行く。

4 次《つぎ》の〔　〕の文章《ぶんしょう》に、かぎ（「　」）をふた組つけて、左の□に書きましょう。（ぜんぶ書けて32点）

〔
ごはんを作りながら、
お母《かあ》さんが、
てつだって。
と言った。わたしは、
わかった。
と言って、いすから立ち
上がった。
〕

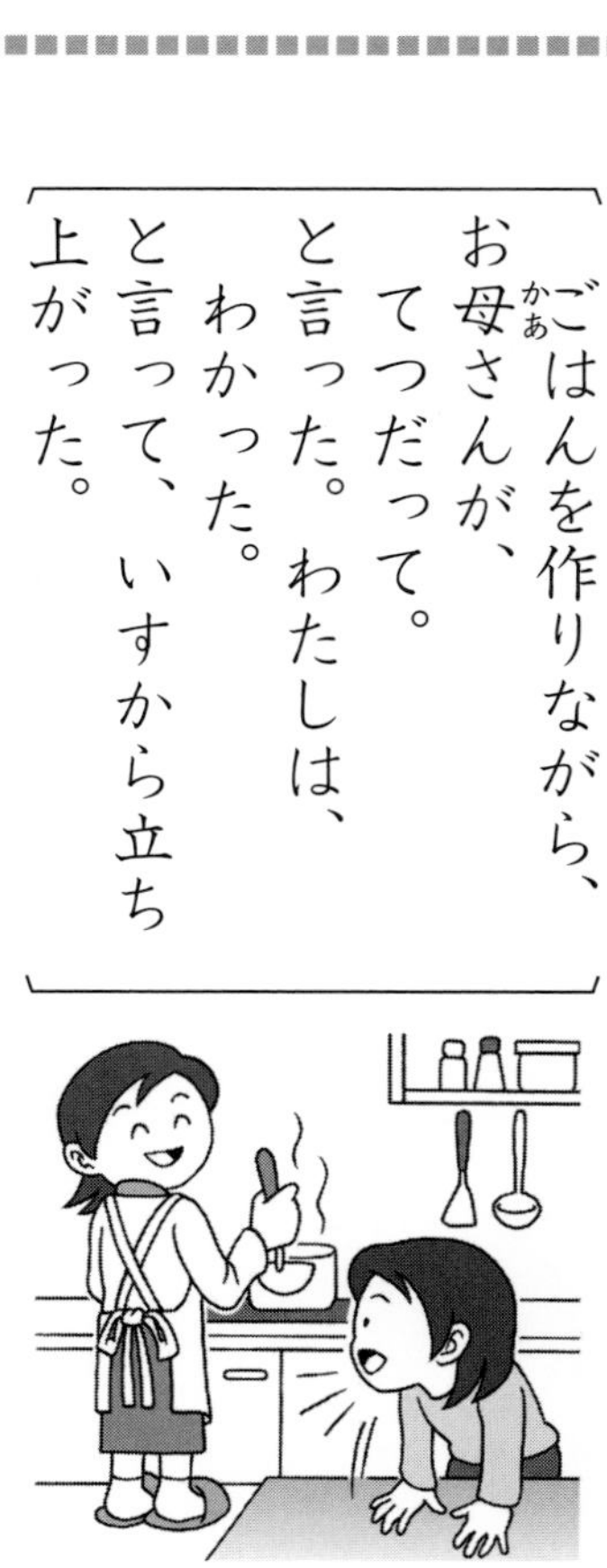

# 47 文の組み立て①

## 主語《しゅご》を表《あらわ》す言葉《ことば》

文の中の「何が（は）」「だれが（は）」にあたる言《こと》葉《ば》を、「主語《しゅご》」といいます。

犬が　ほえる。

何が　犬が

男の子が　走る。

だれが　男の子が

「犬が」は「何が」に、「男の子が」は「だれが」にあたる言葉《ことば》です。

**読んでみよう**

- 何が　うさぎが　はねる。
- 何は　うさぎは　白い。
- 何は　うさぎは　動物《どうぶつ》だ。
- だれが　弟が　歌う。
- だれは　妹は　小さい。
- だれが　ぼくが　山田です。

**1** 絵に合う主語《しゅご》（「何が」「だれが」）を、◯でかこみましょう。（一つ5点）

(1)

{ 犬が / さるが } 走る。

(2)

{ 小鳥が / ねこが } 鳴く。

(3)

{ 男の子が / おばさんが } 走る。

(4)

{ 女の子が / おじさんが } わらう。

とく点　　点

2 次《つぎ》の文の主語《しゅご》（「何が（は）」「だれが（は）」）を書きましょう。（一つ5点）

(1) 犬が　ほえる。（犬が）
(2) ねこが　歩く。（　　が）
(3) うさぎは　白い。（　　　　）
(4) ねずみは　小さい。（　　　　）
(5) 男の子が　遊《あそ》ぶ。（　　）
(6) 女の子が　ないた。（　　）
(7) 妹は　かわいい。（　　）
(8) 弟は　三才だ。（　　）

3 次《つぎ》の文の主語《しゅご》（「何が（は）」「だれが（は）」）を書きましょう。（一つ8点）

(1) 犬が　ワンワン　ほえる。（犬が）
(2) ねこが　ねずみを　追《お》いかける。（　　）
(3) たぬきは、おなかを　ポンポコ　たたいた。（　　）
(4) 女の子が　ぼうしを　かぶる。（　　）
(5) きのう、ぼくは　プールで　泳《およ》いだ。（　　）

# 48 文の組み立て②

## じゅつ語《ご》を表《あらわ》す言葉《ことば》

文の中の「どうする」「どんなだ」「何だ」にあたる言葉《ことば》を、「じゅつ語《ご》」といいます。

犬が ほえる。 どうする ほえる

うさぎは 白い。 どんなだ 白い

こいは 魚だ。 何だ 魚だ

「ほえる」は「どうする」に、「白い」は「どんなだ」に、「魚だ」は「何だ」にあたる言葉《ことば》です。

**読んでみよう**

- ねこが 鳴く。 どうする
- 海は 青い。 どんなだ
- はとは 鳥だ。 何だ
- 妹が わらう。 どうする
- ポストは 赤い。 どんなだ
- せみは 虫だ。 何だ
- 弟が 転《ころ》ぶ。 どうする
- 雪は 白い。 どんなだ
- 犬は 動物《どうぶつ》だ。 何だ

**1** 絵に合うように、次《つぎ》のじゅつ語《ご》（「どうする」「どんなだ」「何だ」）を、◯でかこみましょう。（一つ5点）

(1)

馬が ｛走る／ねる｝。

(2)

小鳥が ｛とぶ／鳴く｝。

(3)

その子ねこは ｛白い／黒い｝。

(4)

犬は ｛植物《しょくぶつ》だ／動物《どうぶつ》だ｝。

とく点 点

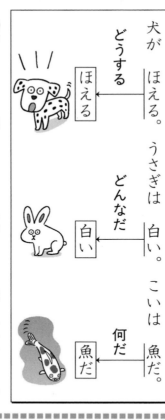

2 次《つぎ》の文のじゅつ語《ご》（「どうする」「どんなだ」「何だ」）を、書きましょう。（一つ5点）

(1) せん手が　走る。（走る）

(2) こいが　はねる。（　）

(3) ぞうは　大きい。（　）

(4) 妹は　四才だ。（　）

(5) おじさんが　見る。（　）

(6) 小鳥は　かわいい。（　）

(7) たかしが　投《な》げる。（　）

(8) ぼくは　三年生だ。（　）

3 次《つぎ》の文のじゅつ語《ご》（「どうする」「どんなだ」「何だ」）を、書きましょう。（一つ8点）

(1) 犬が　ワンワン　ほえる。（　）

(2) ねこが　ねずみを　追《お》いかける。（　）

(3) 女の子の　ぼうしは　白い。（　）

(4) わたしの　兄は、ことし　十二才です。（　）

(5) へやに　かざって　ある　皿《さら》は　ガラスだ。（　）

# 49 文の組み立て③

## 文の四つの形

主語《しゅご》とじゅつ語《ご》の組み合わせには、次《つぎ》の四つのものがあります。

▶主語《しゅご》　▶じゅつ語《ご》

① 何が(は)／だれが(は) ― どうする(どうした)。
れい ●犬が 走る。 ●女の子が わらう。

② 何が(は)／だれが(は) ― どんなだ。
れい ●にじが きれいだ。 ●ひなは 小さい。

③ 何が(は)／だれが(は) ― 何だ。
れい ●とんぼは 虫だ。 ●ぼくは 三年生だ。

④ 何が(は)／だれが(は) ― ある。／いる。
れい ●庭《にわ》に 池が ある。 ●川に 魚が いる。

1 ○―□と同じ形の文をえらんで、○をつけましょう。(一つ5点)

(1) 何が ― どうする。
( )犬が ほえる。
( )子犬が かわいい。

(2) 何が ― どんなだ。
( )花だんが きれいだ。
( )チューリップは 花だ。

(3) 何は ― 何だ。
( )校門に 女の子が いる。
( )せみは 虫だ。

(4) 何が ― ある。
( )すみれの 花が さく。
( )庭《にわ》に 花だんが ある。

とく点　点

**2** 絵を見て、□に合う「どうする」にあたる言葉《ことば》を書きましょう。（一つ8点）

(1)

犬が　ワンワン□。
（ほえる）

(2)

小鳥が　ピーピー□。
（　　　）

(3)
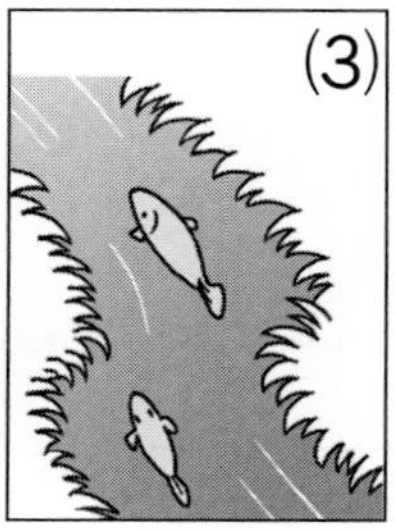
魚が　すいすい□。
（　　　）

(4)

さるが　バナナを□。
（　　　）

(5)

妹が　歌を□。
（　　　）

**3** 絵を見て、□に合う「どんなだ」にあたる言葉《ことば》を、[　]からえらんで書きましょう。（一つ10点）

(1)

女の子の　リボンが□。
（かわいい）

(2)

ぞうの　鼻《はな》は□。
（　　　）

(3)

夜の　風は□。
（　　　）

(4)

大きな　通りは□。
（　　　）

長い・かわいい・うるさい・つめたい

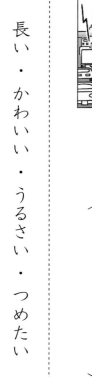

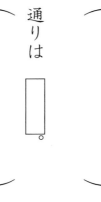

# 50 文の組み立て④

1 絵を見て、□に合う「何だ」にあたる言葉《ことば》を、┊┊からえらんで書きましょう。（一つ5点）

(1)

この　子は　わたしの　□。

（　　　）

(2)

その　ねこは　□。

（　　　）

(3)

花だんの　花は　□。

（　　　）

(4)
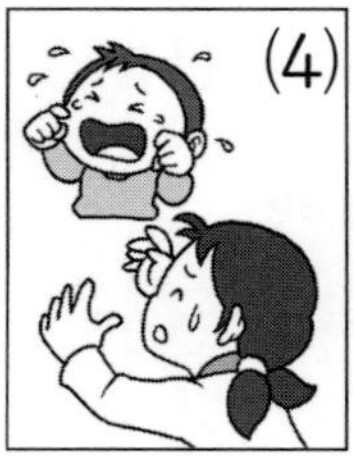

わたしの　弟は　□。

（　　　）

子ねこだ・妹です・なき虫だ・すみれだ

2 絵を見て、□に「ある」か「いる」を書きましょう。（一つ6点）

(1)

庭《にわ》に　池が　□。

（　　　）

(2)
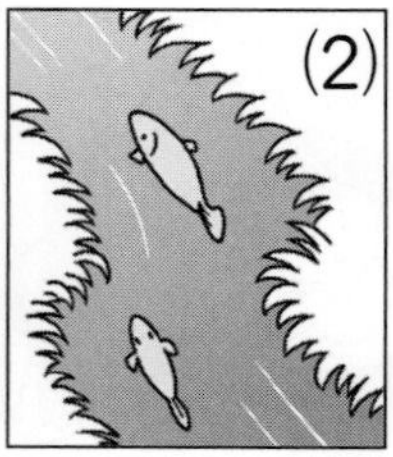

川に　魚が　□。

（　　　）

(3)
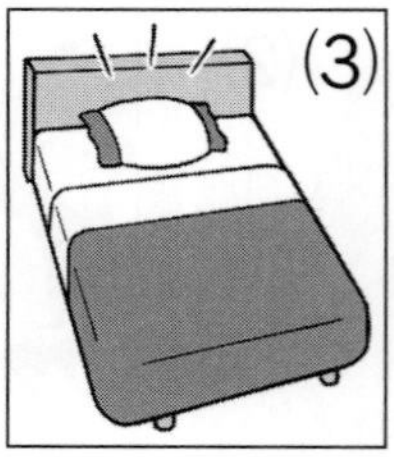

ベッドに　まくらが　□。

（　　　）

(4)

木の　上に　はとが　□。

（　　　）

とく点

点

**3** 絵を見て、□に合う言葉《ことば》を、[ ]からえらんで書きましょう。（一つ6点）

(1)

（何が）□ ワンワン ほえる。

（犬が）

(2)

池の 魚は □（何だ）。

（　）

(3)

花だんの 花が □（どんなだ）。

（　）

(4)

弟が おにぎりを □（どうする）。

（　）

犬が ・ 食べる ・ こいだ ・ きれいだ

---

**4** 絵を見て、○―□と同じ形の文を作りましょう。（一つ8点）

(1)

何が―どうする。

ねこがニャーと鳴く。

(2)

何が―どうする。

豆《まめ》を

(3)
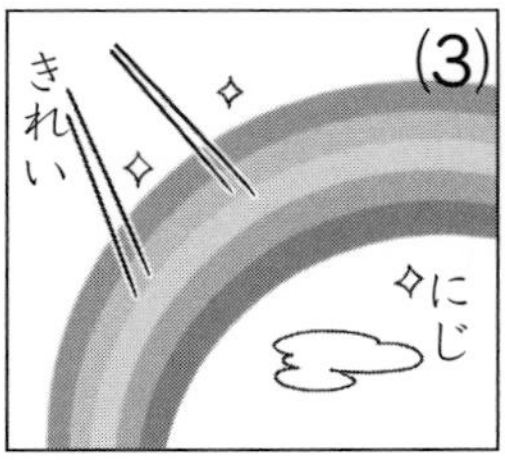


何が―どんなだ。

空の

(4)

何が―いる。

池の岩に

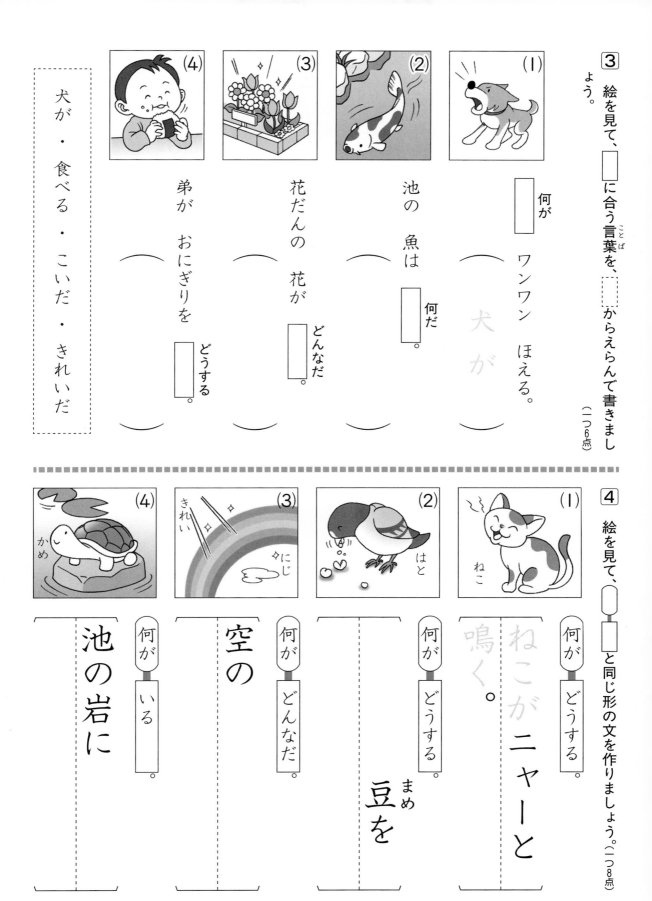

# 51 くわしくする言葉《ことば》①

## 「どんな」を表《あらわ》す言葉《ことば》

ものごとをくわしくする言葉《ことば》があります。

犬が　ほえる。

どんな

**大きな**　犬が　ほえる。

「大きな」は、どんな「犬」なのかを、くわしくせつ明しています。

**読んでみよう**

- 魚が　泳《およ》ぐ。
  **小さな**　魚が　泳《およ》ぐ。
- 花が　さく。
  **きれいな**　花が　さく。
- はとが　とぶ。
  **白い**　はとが　とぶ。

**1**　――の言葉《ことば》をくわしくしている言葉《ことば》を書きましょう。（一つ7点）

(1) 小さな　虫が　とぶ。　（小さな）

(2) 大きな　魚が　泳《およ》ぐ。　（　　　）

(3) 黒い　からすが　鳴く。　（　　　）

(4) 重《おも》い　にもつを　持《も》つ。　（　　　）

とく点
点

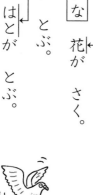

**2** 絵に合う、「どんな」にあたる言葉《ことば》を、［　］からえらんで書きましょう。（一つ8点）

(1)

（大きな）馬が
走る。

(2)

（　　）木に
登《のぼ》る。

(3)

（　　）へやに
入る。

(4)

（　　）風が
ふく。

高い・強い・大きな・明るい

---

**3** ――の言葉《ことば》をくわしくする言葉《ことば》を使《つか》って、絵に合う文を作りましょう。（一つ10点）

(1)

犬が ほえる。

白い犬が
ほえる。

(2)
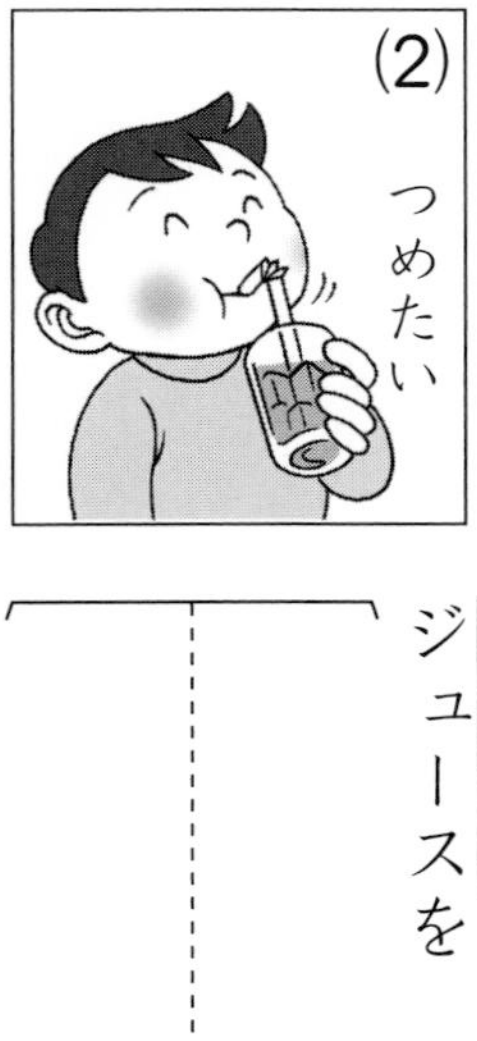


ジュースを 飲《の》む。

(3)
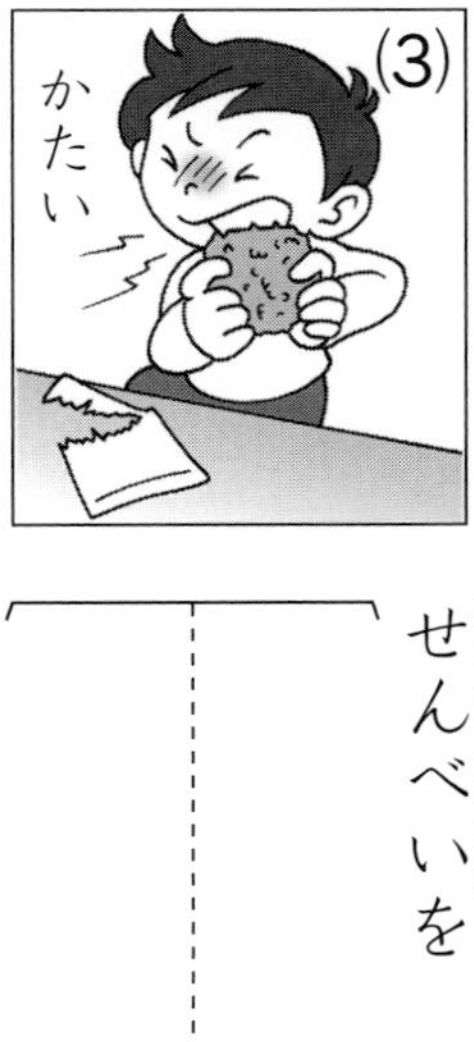


せんべいを 食べる。

(4)

本を 読む。

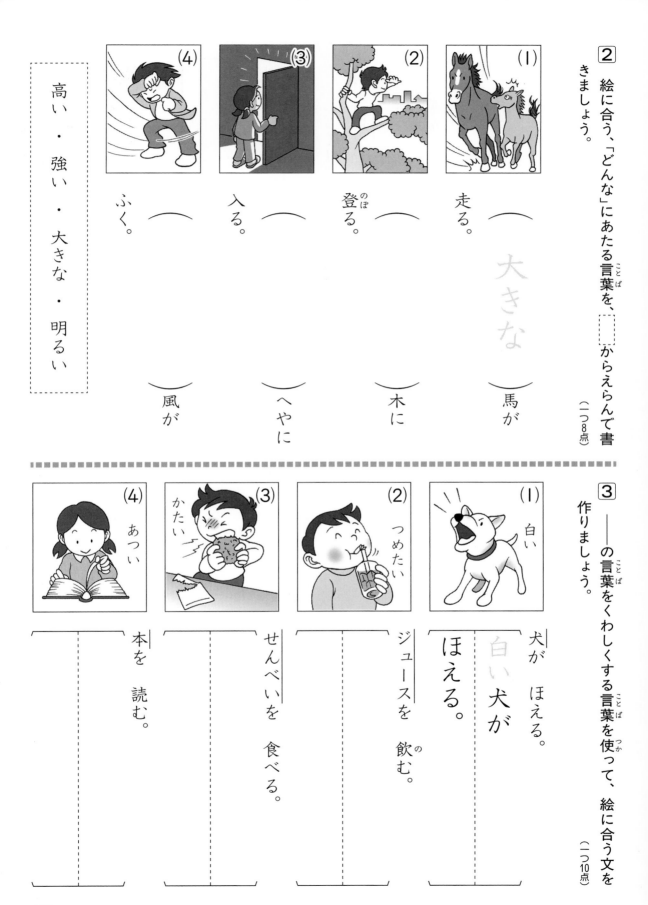

# 52 くわしくする言葉《ことば》②

## 「どのように」を表《あらわ》す言葉《ことば》

動《うご》きをくわしくする言葉《ことば》があります。

犬が　ほえる。

犬が　ワンワン　ほえる。（どのように）

「ワンワン」は、犬がどのように「ほえる」のかを、くわしくせつ明しています。

**読んでみよう**

- 魚が　泳《およ》ぐ。
  魚が　すいすい　泳《およ》ぐ。
- 花が　さく。
  花が　たくさん　さく。
- はとが　とぶ。
  はとが　いっせいに　とぶ。

**1** ――の言葉《ことば》をくわしくしている言葉《ことば》を書きましょう。（一つ7点）

(1) めだかが　すいすい　泳《およ》ぐ。（すいすい）

(2) 雨が　はげしく　ふる。（　　　）

(3) ひまわりが　ぐんぐん　のびる。（　　　）

(4) 電車が　ゆっくりと　走り出す。（　　　）

とく点　　点

**2** 絵に合う「どのように」にあたる言葉《ことば》を、[　]からえらんで書きましょう。（一つ8点）

(1)

すずめが（チュンチュン）鳴く。

(2)

ねぼうを（　　　）したので、着《き》かえる。

(3)

道を（　　　）歩く。

(4)

うでを（　　　）回す。

急《いそ》いで・チュンチュン・ぐるぐる・ゆっくり

**3** ――の言葉《ことば》をくわしくする言葉《ことば》を使《つか》って、絵に合う文を作りましょう。（一つ10点）

(1)

手紙の　返事《へんじ》を　書く。

手紙の返事を
すぐに書く。

(2)

氷《こおり》が　すべる。

(3)
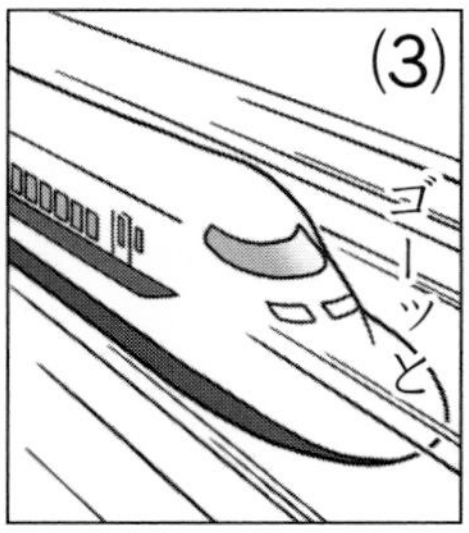


新かん線が　走る。

(4)

かみなりが　鳴る。

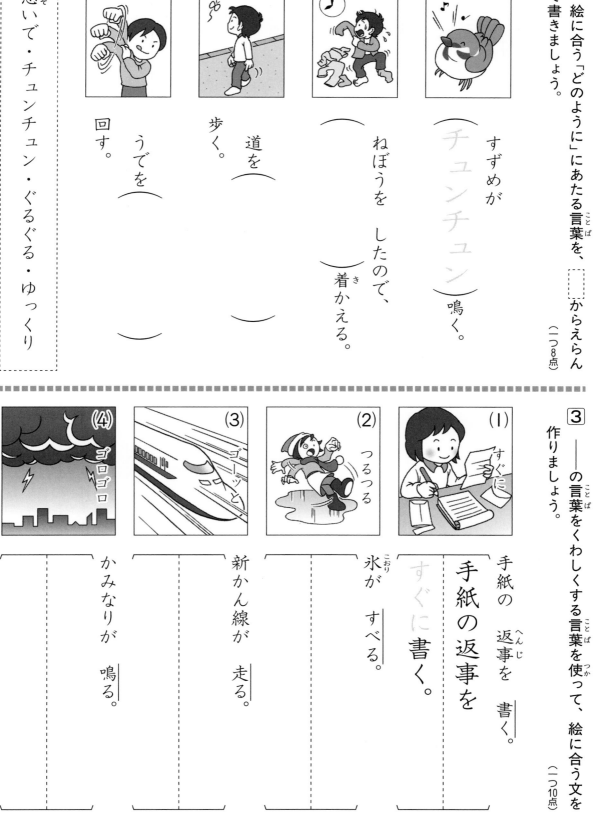

# 53 くわしくする言葉《ことば》③

## しゅうしょく語《ご》

いろいろなくわしくする言葉《ことば》があります。

ねこが 鳴く。

どんな　　どのように
黒い ねこが ニャーと 鳴く。

「黒い」は、どんな「ねこ」かを、「ニャーと」は、どのように「鳴く」かを、くわしくせつ明しています。

このように、「どんな」や「どのように」にあたる言葉《ことば》を「**しゅうしょく語《ご》**」といいます。

**読んでみよう**

- 風船が とぶ。
  赤い 風船が ふわふわ とぶ。
- こいが 泳《およ》ぐ。
  大きな こいが ゆっくり 泳《およ》ぐ。

**1** ——の言葉《ことば》がくわしくしている言葉《ことば》を書きましょう。（一つ6点）

(1) 赤い 花が、いっせいに さく。（花）

(2) 小さな ねこが、ゆっくりと 歩く。（　　）

(3) 寒《さむ》い 朝に、早く 起《お》きる。（　　）

(4) 美《うつく》しい 星空を、ずうっと 見ている。（　　）

(5) かわいい 子ぎつねが、コンコン 鳴く。（　　）

とく点　　点

## 2 ——の言葉《ことば》がくわしくしている言葉《ことば》を書きましょう。（一つ8点）

(1) 白い　ちょうが、ふわふわ　とぶ。
（　とぶ　）

(2) つめたい　水を、ゴクゴク　飲《の》む。
（　　　　）

(3) 長い　つり橋《ばし》が、ゆらゆら　ゆれる。
（　　　　）

(4) 近くの　公園に、急《いそ》いで　行く。
（　　　　）

(5) たくさんの　友人と、なかよく　遊《あそ》ぶ。
（　　　　）

## 3 絵を見て、（　）に合う言葉《ことば》を、［　］からえらんで書きましょう。（一つ5点）

(1)
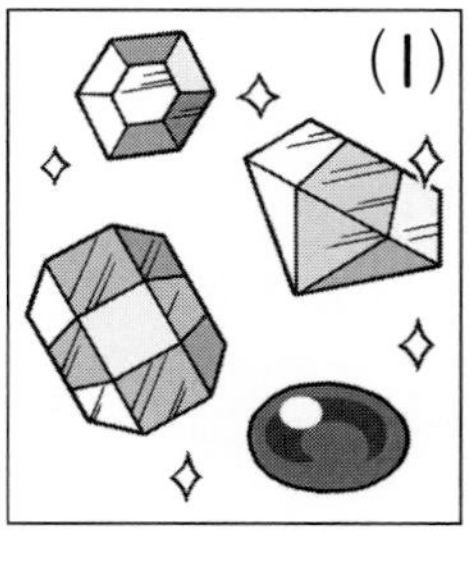
（　　　　）ほう石が
（　　　　）光る。

(2)

（　　　　）野原で
（　　　　）遊《あそ》ぶ。

(3)

（　　　　）おかしを
（　　　　）食べる。

きれいな・広い・もぐもぐ
きらきら・あまい・のびのび

# 54 くわしくする言葉《ことば》④

## 言葉《ことば》のはたらき

「しゅうしょく語《ご》」には、次《つぎ》のようなはたらきをする言葉《ことば》があります。

わたしは、遊《あそ》んだ。

わたしは、**公園で** 遊《あそ》んだ。（どこで）

わたしは、**きのう**、公園で 遊《あそ》んだ。（いつ）

「公園で」は、どこで遊《あそ》んだのか、「きのう」は、いつ遊《あそ》んだのかを、くわしくせつ明《めい》しています。

**読んでみよう**

- ぼくは、泳《およ》いだ。
  ぼくは、**きょう**、**プールで** 泳《およ》いだ。
- 弟が、ボールを 投《な》げた。
  弟が、**さっき**、**広場で** ボールを 投《な》げた。

**1** 次《つぎ》の文から、「いつ」にあたる言葉《ことば》を書きましょう。（一つ6点）

(1) ぼくは、きのう、公園に 行った。（きのう）

(2) わたしは、おととい、ぶらんこに 乗《の》った。（　　）

(3) あした、ぼくらは、遠足に 行く。（　　）

(4) 妹が、きょう、道で 転《ころ》んだ。（　　）

(5) 朝、父に おはようと 言った。（　　）

とく点　　点

## 2 次《つぎ》の文から、「どこで」にあたる言葉《ことば》を書きましょう。（一つ6点）

(1) わたしは、へやで 友だちと 遊《あそ》んだ。

（ へやで ）

(2) ぼくは、家族《かぞく》と 海で 泳《およ》いだ。

（　　　）

(3) ぼくは、森で 虫を つかまえた。

（　　　）

(4) 兄は、学校で 勉強《べんきょう》を している。

（　　　）

(5) わたしは、きのう、庭《にわ》で 犬と 遊《あそ》んだ。

（　　　）

## 3 絵に合うように、しゅうしょく語《ご》を使《つか》って、〈 〉の文をくわしい文にしましょう。（一つ10点）

〈兄が、ボールを投《な》げた。〉

兄が、広場でボールを投げた。

〈馬が、走っていた。〉

〈ぼくは、泳《およ》いだ。〉

〈わたしは、草むしりをした。〉

55

# ふくしゅうドリル⑧

1 次《つぎ》の文の主語《しゅご》（「何が（は）」「だれが（は）」）と、じゅつ語（「どうする」「どんなだ」「何だ」）にあたる言葉《ことば》を書きましょう。（一つ2点）

（1）家の庭《にわ》に雪が、どんどんつもる。
▼主語《しゅご》（　　　）▼じゅつ語《ご》（　　　）

（2）よう子は、おじいさんに手紙を書く。
▼主語《しゅご》（　　　）▼じゅつ語《ご》（　　　）

（3）あの小さな鳥は、すずめだ。
▼主語《しゅご》（　　　）▼じゅつ語《ご》（　　　）

（4）まくらが、とてもやわらかい。
▼主語《しゅご》（　　　）▼じゅつ語《ご》（　　　）

2 次《つぎ》の文の形を、[　]からえらんで、記号《きごう》を書きましょう。（一つ4点）

（1）校門にある木は、さくらだ。……（　　）

（2）駅《えき》までのきょりが、短《みじか》い。……（　　）

（3）ピアノが、きれいな曲《きょく》をかなでる。……（　　）

（4）草むらの虫の声が、にぎやかだ。……（　　）

（5）かごにりんごが、たくさんある。……（　　）

（6）赤いバスが、ゆっくり発車《はっしゃ》する。……（　　）

ア [何が] [どうする]。
イ [何が] [どんなだ]。
ウ [何は] [何だ]。
エ [何が] [ある]。

とく点　　点

3 ――の言葉《ことば》（しゅうしょく語《ご》）が、くわしくしている言葉《ことば》を書きましょう。（一つ6点）

(1) 丸い風船が、ふわふわうかぶ。（　　）

(2) おばあさんは、あたたかいスープを作った。（　　）

(3) 細い道が、遠くまでずっとつづいている。（　　）

(4) しずかなへやで、算数の勉強《べんきょう》をする。（　　）

(5) ぼくの学校には、広い体育館《たいいくかん》がある。（　　）

4 ――の言葉《ことば》（しゅうしょく語《ご》）が、くわしくしている言葉《ことば》を書きましょう。（一つ6点）

(1) 小さな女の子の頭を、やさしくなでる。（　　）

(2) 強い風で、へやのまどがガタガタ鳴る。（　　）

(3) 公園の池のまわりをのんびり歩く。（　　）

(4) かわいい赤ちゃんが、にこにこわらった。（　　）

(5) きのう、つくえの上がすっきりかたづいた。（　　）

# 56 こそあど言葉《ことば》①

## これ・それ・あれ・どれ

ものをさししめすはたらきをする言葉《ことば》があります。

**これ**は、ひまわりです。
（自分に近いもの）
**それ**は、ひまわりです。
（相手《あいて》に近いもの）
**あれ**は、ひまわりです。
（どちらからも遠いもの）
**どれ**がひまわりですか。
（はっきりわからないもの）
??

「これ」「それ」「あれ」「どれ」など、上に「こ・そ・あ・ど」のついたさししめす言葉《ことば》を、「**こそあど言葉《ことば》**」といいます。

**1** 絵を見て正しいほうのこそあど言葉《ことば》を、◯でかこみましょう。（一つ5点）

(1)

（**これ**〈◯〉・それ）は、ぼくのかさです。

(2)

（これ・それ）は、ぼくのかさです。

(3)

（あれ・どれ）は、ぼくのかさです。

(4)

（これ・どれ）が、ぼくのかさですか。

とく点　　点

**2** 絵を見て、（　）に合うこそあど言葉《ことば》を、[　]からえらんで書きましょう。（一つ10点）

(1)

（これ）は、わたしの
ノートです。

[これ・どれ]

(2)

（　　）は、ぼくの
かばんです。

[それ・どれ]

(3)

（　　）が、わたしの
くつですか。

[それ・どれ]

(4)

（　　）は、ぼくの
ボールです。

[あれ・これ]

**3** 絵を見て、（　）に合うこそあど言葉《ことば》を、[　]からえらんで書きましょう。（一つ10点）

(1)

（それ）は、ぼくの
ぼうしです。

(2)

（　　）は、ぼくの
ぼうしです。

(3)

（　　）は、ぼくの
ぼうしです。

(4)

（　　）が、ぼくの
ぼうしですか。

[これ・それ・あれ・どれ]

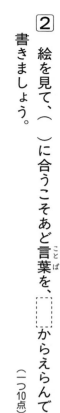

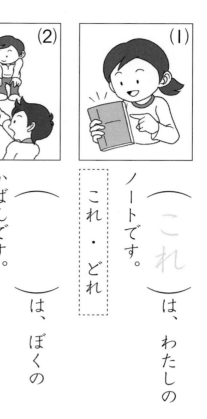

# 57 こそあど言葉《ことば》②

とく点　　点

## いろいろな「こそあど言葉《ことば》」

「こそあど言葉《ことば》」には、次《つぎ》のようなものがあります。

| | こ（話し手に近い） | そ（相手《あいて》に近い） | あ（どちらからも遠い） | ど（はっきりしない） |
|---|---|---|---|---|
| ものごと | これ | それ | あれ | どれ |
| | この | その | あの | どの |
| 場所《ばしょ》 | ここ | そこ | あそこ | どこ |
| 方向《ほうこう》 | こちら | そちら | あちら | どちら |
| 様子《ようす》 | こんな | そんな | あんな | どんな |

言葉《ことば》のはじめに「こ・そ・あ・ど」がついているので、「こそあど言葉《ことば》」といいます。

**読んでみよう**

- **この**本は、おもしろい。
  **その**本は、おもしろい。
  **あの**本は、おもしろい。
  **どの**本が、おもしろい。
- **ここ**が家だ。
  **そこ**が家だ。
  **あそこ**が家だ。
  **どこ**が家だ。

**1** 次《つぎ》の空いている□にあてはまる、こそあど言葉《ことば》を書きましょう。（一つ2点）

| | こ | そ | あ | ど |
|---|---|---|---|---|
| ものごと | これ | (1) | (2) | どれ |
| | この | (3) | あの | (4) |
| 場所《ばしょ》 | (5) | そこ | (6) | どこ |
| 方向《ほうこう》 | (7) | そちら | あちら | (8) |
| 様子《ようす》 | (9) | (10) | あんな | どんな |

わからないときは、上の表《ひょう》を見てみよう！

**2** 次《つぎ》のとき、どんなこそあど言葉《ことば》を使《つか》いますか。[　]からえらんで、二つずつ書きましょう。（一つ5点）

(1) 話し手に近いとき。……（　　）（　　）

(2) 相手《あいて》に近いとき。……（　　）（　　）

(3) どちらからも遠いとき。……（　　）（　　）

(4) はっきりしないとき。……（　　）（　　）

それ・あれ・こちら・そんな
あの・どの・どちら・こんな

**3** 絵を見て、（　）に合うこそあど言葉《ことば》を、[　]からえらんで書きましょう。（一つ10点）

(1)

（　　）においてあった本がない。

(2)

（　　）山には、昔《むかし》、たぬきがいたそうです。

(3)

（　　）中に、ひまわりのたねが入っています。

(4)

（　　）に見えるたて物《もの》が、市役所《しやくしょ》です。

この・あの・ここ・あそこ

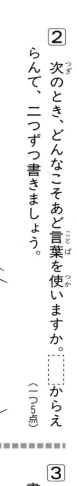

# 58 こそあど言葉《ことば》③

## こそあど言葉《ことば》の使《つか》い方《かた》

**①同じことがらは、「こそあど言葉《ことば》」を使《つか》って、かんたんに書きかえることができます。**

おいしそうなケーキが出された。
みんなは、おいしそうなケーキを食べた。
みんなは、それを食べた。

「それ」は、「おいしそうなケーキ」を書きかえた言葉《ことば》です。

**②「こそあど言葉《ことば》」は、文章中《ぶんしょうちゅう》のことがらをさししめしています。**

きれいな赤い花がさいた。
それは、チューリップの花だった。

「それ」は、「きれいな赤い花」をさしています。

とく点　　点

1 ——の言葉《ことば》をさししめすこそあど言葉《ことば》を使《つか》って、文章を作ります。{　}から合うほうをえらんで、○でかこみましょう。（一つ10点）

(1) きのう、近くの公園に行った。
{そこ／その}には、すな場がある。

(2) きょう、おもしろいまん画を見た。
{どれ／それ}は、きのう、本屋《ほんや》さんで買ったものだ。

(3) きょうは、あさいプールで泳《およ》いだ。
{そんな／そこ}は、いつも小さい子が使《つか》っているところだ。

**2** □のこそあど言葉《ことば》がさしていることがらをえらんで、○をつけましょう。（一つ10点）

(1) 大きな箱《はこ》がとどいた。それは、九州《きゅうしゅう》のおじさんが送《おく》ってくれたものだった。

（　）大きな箱《はこ》
（　）九州《きゅうしゅう》のおじさん

(2) きのう、赤い洋服《ようふく》を買ってもらった。わたしは、それを着《き》て出かけた。

（　）きのうのこと
（　）赤い洋服《ようふく》

(3) 通りから公園のふん水が見える。きょう見たら、それが止まっていた。

（　）公園のふん水
（　）止まっていた

**3** □のこそあど言葉《ことば》がさしていることがらを書きましょう。（一つ10点）

(1) 古いアルバムを見ると、そこには、小さかったころの自分の写真《しゃしん》がはってある。

（古い　　　　）

(2) きのう、新しいくつを買ってもらった。わたしは、けさ、それをはいて学校へ行った。

（　　　　　）

(3) ろう下で白いハンカチを拾《ひろ》った。それは、友だちのものだった。

（　　　　　　）

(4) 公園の花だんには、たくさんの花がさいていた。そこには、すみれもあった。

（　　　　　　）

# 59 文をつなぐ言葉《ことば》①

## 文のつながり方

文をつなぐ言葉《ことば》を使《つか》うと、前の文と後の文の意味《いみ》のつながりがはっきりします。

早くねた。

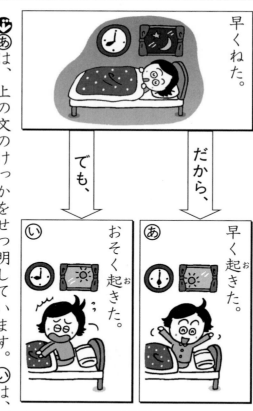

だから、→ あ 早く起《お》きた。

でも、→ い おそく起《お》きた。

あは、上の文のけっかをせつ明しています。いは、反対《はんたい》のことをせつ明しています。

**読んでみよう**

① 雨がふった。［だから］、かさをさした。

② 雨がふった。［でも］、かさをささなかった。

**1** 使《つか》い方《かた》が正しいほうを、○でかこみましょう。（一つ5点）

(1) 雨がふった。｛(だから)・でも｝、かさをさした。

(2) 雨がふった。｛だから・でも｝、洋服《ようふく》はぬれなかった。

(3) きのうは、早くねた。｛だから・でも｝、早く目がさめた。

(4) きのうは、早くねた。｛だから・でも｝、起《お》きたのはおそかった。

とく点　　点

**2** 「だから」か「でも」のうち、（　）に合う言葉《ことば》を書きましょう。（一つ8点）

(1) 夏になった。（だから）、暑《あつ》くなった。

(2) 秋になった。（　）、ぜんぜん、すずしくならなかった。

(3) かぜをひいた。（　）、せきが出た。

(4) 全力《ぜんりょく》で走った。（　）、息《いき》が苦《くる》しくなった。

(5) ノートを買った。（　）、すぐには使《つか》わなかった。

**3** 絵に合うように、次《つぎ》の言葉《ことば》につづけて、文を作りましょう。（一つ10点）

(1) あたたかくなってきた。

①

だから、花がさいた。

②

でも、花は

(2) バスていまで走って行った。

①

だから、

②

でも、

# 60 文をつなぐ言葉《ことば》②

## 同じはたらきをする言葉《ことば》

文をつなぐ言葉《ことば》には、同じはたらきをするものがあります。

雨がふった。
だから、
すると、
それで、
ですから、
かさをさした。
でも、
しかし、
けれど、
ところが、
すぐ晴れた。
また、
そして、
さらに、
かみなりも鳴った。

1 使《つか》い方《かた》が正しいほうを、○でかこみましょう。（一つ5点）

(1) 雨がふった。{（それで）／しかし}、びしょびしょにぬれてしまった。

(2) 雨がふった。{すると／しかし}、地面《じめん》は、すぐにかわいた。

(3) 雨がふってきた。{また／でも}、風も強くなってきた。

(4) 雨がふってきた。{さらに／すると}、人がさっといなくなった。

とく点

点

**2** □の言葉《ことば》と同じようなはたらきをする言葉《ことば》を、□からえらんで書きましょう。□の言葉《ことば》を二回使《つか》ってもよい。（一つ10点）

(1) 春になった。**すると**、あたたかくなってきた。（　　）

(2) きのうは、早くねた。**しかし**、きょうは、早く起《お》きられなかった。（　　）

(3) ケーキを食べた。**また**、おかしも食べた。（　　）

(4) のどがからからにかわいた。**だから**、ジュースを飲《の》んだ。（　　）

(5) 花だんにたねをまいた。**でも**、めは、いつまでも出てこなかった。（　　）

ところが ・ それで ・ さらに

**3** 絵に合うように、次《つぎ》の言葉《ことば》につづけて、文を作りましょう。（一つ10点）

(1) 妹のたん生日だった。

それで、家族でおいわいをした。

(2) 弟は、げんかんで転《ころ》んだ。

しかし、

(3) ぼくは、サッカーがすきだ。

また、

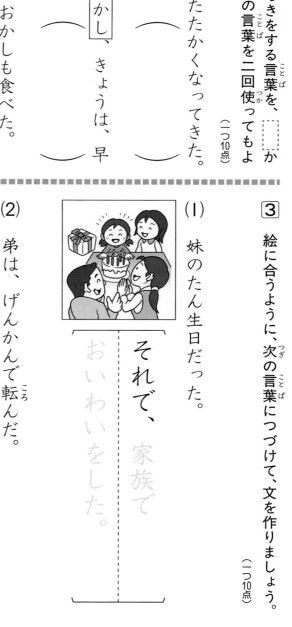

# 61 いろいろな言い方①

## ふつうの言い方とていねいな言い方

文には、ふつうの言い方とていねいな言い方があります。

- 弟が歌を歌う。（ふつうの言い方）
- 弟が歌を歌います。（ていねいな言い方）

文の終《お》わりの言い方を、「〜ます」にかえると、ていねいな言い方になります。

**読んでみよう**

左がわが、ていねいな言い方です。

- これは水だ。→ これは水です。
- 公園に行くか。→ 公園に行きますか。
- 絵を見た。→ 絵を見ました。
- 鳥が鳴かない。→ 鳥が鳴きません。

とく点　　点

1 ——の言葉《ことば》が、ていねいな言い方の文に、○をつけましょう。（一つ4点）

(1)
（　）三時に家に帰る。
（　）三時に家に帰ります。

(2)
（　）この本は、図かんです。
（　）この本は、図かんだ。

(3)
（　）遠足に行ったときの写真《しゃしん》を見た。
（　）遠足に行ったときの写真《しゃしん》を見ました。

(4)
（　）図書館《としょかん》で本をかりますか。
（　）図書館《としょかん》で本をかりるか。

(5)
（　）なかなか魚がつれない。
（　）なかなか魚がつれません。

## 2 ――の言葉《ことば》をていねいな言い方に書きかえましょう。（一つ6点）

〈れい〉本を読む。→（読みます）

(1) 公園の中を歩く。
↓
（　　　　　）

(2) 父は、おそく帰った。
↓
（　　　　　）

(3) そこは理科室だ。
↓
（　　　　　）

(4) きょうは、プールに行くか。
↓
（　　　　　）

(5) きょうは、テレビを見ない。
↓
（　　　　　）

## 3 次《つぎ》の文をふつうの言い方はていねいな言い方に、ていねいな言い方はふつうの言い方に、書きかえましょう。（一つ10点）

(1) 公園にふん水があります。
（　　　　　）

(2) これは、消《け》しゴムだ。
（　　　　　）

(3) 何時に帰ってくるか。
（　　　　　）

(4) きょうは、泳《およ》がない。
（　　　　　）

(5) 川の水がふえました。
（　　　　　）

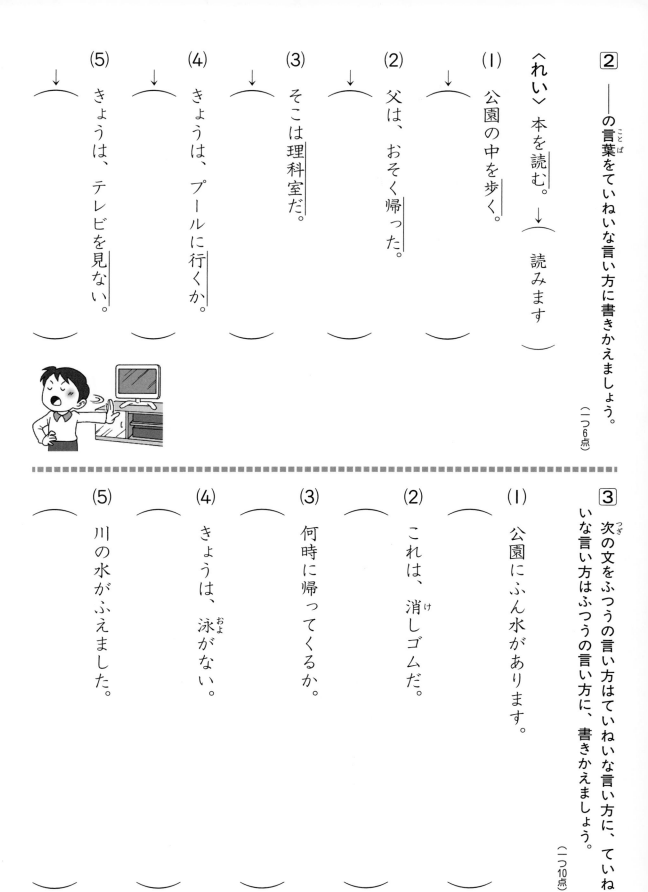

# 62 いろいろな言い方②

## 人から聞いた言い方と様子《ようす》をおしはかる言い方

文の終《お》わりの形《かたち》をかえると、いろいろな言い方の文になります。

**①人から聞いた言い方。**

父は出かけた。
↓
父は、出かけたそうだ。／出かけたということだ。

文の終《お》わりに「そうだ」「ということだ」をつけると、人から聞いた言い方の文になります。

**②様子《ようす》をおしはかる言い方。**

弟はねる。
↓
弟は　ねるだろう。／ねるようだ。／ねるらしい。

文の終《お》わりに「だろう」「ようだ」「らしい」などをつけると、様子《ようす》をおしはかる言い方になります。

**1** 人から聞いた言い方の文に、○をつけましょう。（一つ5点）

(1)
（　）兄は、学校へ行った。
（○）兄は、学校へ行ったそうだ。

(2)
（　）小さな赤い花がさくということだ。
（　）小さな赤い花がさく。

**2** 様子《ようす》をおしはかる言い方の文に、○をつけましょう。（一つ5点）

(1)
（○）あすはよく晴れるだろう。
（　）あすはよく晴れる。

(2)
（　）妹は宿題《しゅくだい》を終《お》わらせた。
（　）妹は宿題《しゅくだい》を終《お》わらせたようだ。

とく点　　点

**3** ——の言葉《ことば》を、「そうだ」を使《つか》って、人から聞いた言い方に書きかえましょう。（一つ8点）

〈れい〉父は出かけた。
（出かけたそうだ）

(1) 三人は同じクラスだ。
（　　　　）

(2) 母は絵をかくのがすきだ。
（　　　　）

(3) 友だちの家は学校から近い。
（　　　　）

(4) 父は昔《むかし》、小鳥をかっていた。
（　　　　）

(5) 庭《にわ》の草取《くさと》りが終《お》わった。
（　　　　）

**4** ——の言葉《ことば》を、〈　〉の言葉《ことば》を使《つか》って、様子《ようす》をおしはかる言い方に書きかえましょう。（一つ8点）

〈れい〉妹は、テレビを見る。〈だろう〉
（見るだろう）

(1) いろいろな花がさく。〈だろう〉
（　　　　）

(2) 犬が大きな声でほえている。〈ようだ〉
（　　　　）

(3) 弟が学校から帰ってきた。〈ようだ〉
（　　　　）

(4) 友だちは、来月引っこす。〈らしい〉
（　　　　）

(5) きょう、妹は新しいくつをはく。〈らしい〉
（　　　　）

63

# いろいろな言い方③

## そのほかの言い方

62回（124ページ）の言い方のほかにも、次《つぎ》のようなものがあります。

① **めいれいする言い方**

絵をかき[なさい]。

② **きぼうする言い方**

絵をかき[たい]。

③ **たのむ言い方**

絵をかいて[ください]。

④ **さそう言い方**

絵をかきましょ[う]。

⑤ **たずねる言い方**

絵をかきます[か]。

□の言葉《ことば》をつけると、①～⑤の言い方の文になります。

**1** □の言い方の文に、○をつけましょう。（一つ5点）

(1) めいれいする言い方

（ ○ ）早くせきに着《つ》きなさい。

（　）早くせきに着《つ》きたい。

(2) きぼうする言い方

（　）来月、ふじ山にのぼる。

（　）来月、ふじ山にのぼりたい。

(3) さそう言い方

（　）グラウンドでサッカーをしましょう。

（　）グラウンドでサッカーをしてください。

(4) たずねる言い方

（　）図書館《としょかん》は遠いでしょう。

（　）図書館《としょかん》は遠いですか。

とく点

点

2 ——の言葉《ことば》を□の言い方にかえます。□からえらんで書きましょう。（一つ10点）

(1) すぐにやる。→（　　）
めいれいする言い方

(2) 水を飲《の》む。→（　　）
きぼうする言い方

(3) 少し待《ま》ちます。→（　　）
たのむ言い方

(4) 外を歩きます。→（　　）
さそう言い方

やりたい・やりなさい

飲《の》みましょう・飲《の》みたい

待《ま》ってください・待《ま》ちますか

歩きたい・歩きましょう

3 ——の言葉《ことば》を□の言い方の文に、書きかえましょう。（一つ10点）

〈れい〉早く出かける。めいれいする言い方
（出かけなさい）

(1) 兄と遊《あそ》びに行く。きぼうする言い方
（　　）

(2) 手紙をとどけます。たのむ言い方
（　　）

(3) 動物《どうぶつ》がすきです。たずねる言い方
（　　）

(4) 朝ごはんを食べます。さそう言い方
（　　）

## ローマ字の書き方①

64

ローマ字①

①ローマ字の「a・i・u・e・o」。

ari あり

inu いぬ

usi うし

ebi えび

oni おに

kasa かさ

ki き

kutu くつ

keito けいと

koma こま

➡ローマ字で日本語の音《おん》を書《か》き表《あらわ》すとき，あ行は，「a・i・u・e・o」で，ほかの行は，「a・i・u・e・o」との組み合わせで表《あらわ》します。

②ローマ字の書《か》き表《あらわ》し方《かた》。

| 大文字 | A | I | U | E | O |
|---|---|---|---|---|---|
| | あ a | い i | う u | え e | お o |
| K | か ka | き ki | く ku | け ke | こ ko |
| S | さ sa | し si [shi] | す su | せ se | そ so |
| T | た ta | ち ti [chi] | つ tu [tsu] | て te | と to |
| N | な na | に ni | ぬ nu | ね ne | の no |
| H | は ha | ひ hi | ふ hu [fu] | へ he | ほ ho |
| M | ま ma | み mi | む mu | め me | も mo |
| Y | や ya | (い) (i) | ゆ yu | (え) (e) | よ yo |

| 大文字 | A | I | U | E | O |
|---|---|---|---|---|---|
| R | ら ra | り ri | る ru | れ re | ろ ro |
| W | わ wa | (い) (i) | (う) (u) | (え) (e) | を (o) 《wo》 |
| | ん n | | | | |
| G | が ga | ぎ gi | ぐ gu | げ ge | ご go |
| Z | ざ za | じ zi [ji] | ず zu | ぜ ze | ぞ zo |
| D | だ da | ぢ (zi) [di] | づ (zu) [du] | で de | ど do |
| B | ば ba | び bi | ぶ bu | べ be | ぼ bo |
| P | ぱ pa | ぴ pi | ぷ pu | ぺ pe | ぽ po |

[ ]の中の書き方も使《つか》えます。《 》の中は，とくべつな発音に使《つか》います。

とく点

点

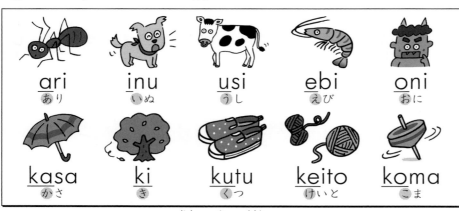

**1** 次《つぎ》のローマ字の言葉《ことば》の読み方を，ひらがなで書きましょう。 （1つ6点）

(1) ari （あり）　(2) inu （　　）

(3) ebi （　　）　(4) kasa （　　）

(5) kirin （　　）　(6) keito （　　）

**2** 次《つぎ》の言葉《ことば》を，ローマ字で書きましょう。 （1つ8点）

(1) あり
ari
↓
ari

(2) いぬ
inu
↓
i

(3) うし
usi
↓
u

(4) かさ
kasa
↓
ka

(5) くつ
kutu
↓

(6) こま
koma
↓

(7) きもの
ki

(8) めがね

わからなかったら，
右ページの
表《ひょう》を見てみよう。

## ローマ字の書き方②

① のばす音《おん》の書《か》き表《あらわ》し方《かた》。

| okâsan | onîsan | bôsi |
|---|---|---|
| おかあさん | おにいさん | ぼうし |

のばす音《おん》は，「a・i・u・e・o」の上に，「＾」をつけて書きます。

② つまる音《おん》の書《か》き表《あらわ》し方《かた》。

| kitte | rappa | sekken |
|---|---|---|
| きって | らっぱ | せっけん |

つまる音《おん》は，次《つぎ》の字を二つ重《かさ》ねて書《か》き表《あらわ》します。

③ 小さい「ゃ・ゅ・ょ」の書《か》き表《あらわ》し方《かた》。

| isya | kingyo | omotya |
|---|---|---|
| いしゃ | きんぎょ | おもちゃ |

| | | | | | |
|---|---|---|---|---|---|
| きゃ kya | きゅ kyu | きょ kyo | りゃ rya | りゅ ryu | りょ ryo |
| しゃ sya [sha] | しゅ syu [shu] | しょ syo [sho] | ぎゃ gya | ぎゅ gyu | ぎょ gyo |
| ちゃ tya [cha] | ちゅ tyu [chu] | ちょ tyo [cho] | じゃ zya [ja] | じゅ zyu [ju] | じょ zyo [jo] |
| にゃ nya | にゅ nyu | にょ nyo | ぢゃ (zya) [dya] | ぢゅ (zyu) [dyu] | ぢょ (zyo) [dyo] |
| ひゃ hya | ひゅ hyu | ひょ hyo | びゃ bya | びゅ byu | びょ byo |
| みゃ mya | みゅ myu | みょ myo | ぴゃ pya | ぴゅ pyu | ぴょ pyo |

[　]の中の書き方も使《つか》うことができます。

「きゃ・きゅ・きょ」などの音《おん》は，３字で書《か》き表《あらわ》します。

④ はねる音《おん》「ん(n)」の次《つぎ》に，「a・i・u・e・o」や「y」がくるときの書《か》き表《あらわ》し方《かた》。

| hon'ya | kon'ya | ten'in |
|---|---|---|
| ほんや | こんや | てんいん |

はねる音《おん》「ん(n)」の次《つぎ》に，「a・i・u・e・o」や「y」がくるときは，「n」の後に「'」をつけて，読みまちがいをふせぎます。

65 ローマ字②

とく点

点

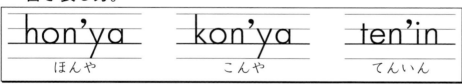

1 次《つぎ》のローマ字の言葉《ことば》の読み方を，ひらがなで書きましょう。 （1つ6点）

(1) kitte （きって）
(2) okâsan （　　）
(3) rappa （　　）
(4) hûsen （　　）
(5) isya （　　）
(6) hon'ya （　　）

2 次《つぎ》の言葉《ことば》の書《か》き表《あらわ》し方《かた》が正しいほうを，◯でかこみましょう。 （1つ4点）

(1) ぼうし { bôsi / bousi }
(2) がっき { gatuki / gakki }
(3) こんや { konya / kon'ya }
(4) ちゃいろ { tyairo / tiyairo }

3 次《つぎ》の言葉《ことば》を，ローマ字で書きましょう。 （1つ8点）

(1) おにいさん
onîsan
↓
onî

(2) てんいん
ten'in
↓
ten'

(3) せっけん
se

(4) きんようび
ki

(5) おもちゃ
o

(6) がっこう
ga

## 身《み》の回《まわ》りのローマ字

①地名や人名の書《か》き表《あらわ》し方《かた》。

Tôkyô　TÔKYÔ
とうきょう　とうきょう

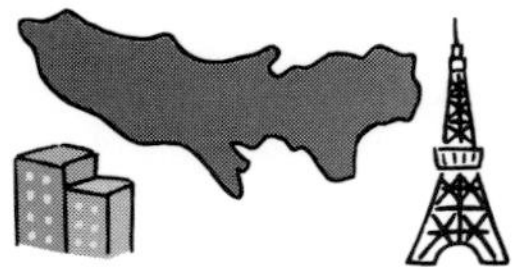

Itô-Ken'iti　Tanaka-Ryôko
いとう　けんいち　たなか　りょうこ

地名や人名などは，はじめの１文字を大文字で書きます。
地名などは，すべて大文字で書くこともあります。

②二通りの書き方があるもの。

しか　sika　[shika]

ちば　Tiba　[Chiba]

「し」や「ち」のように，二通りの書き方があるものがあります。[　]の書き方は，店のかん板《ばん》や道路《どうろ》のひょうしきなど，身《み》の回《まわ》りで多く使《つか》われています。

おぼえよう

- つき→tuki [tsuki]
- ふた→huta [futa]
- ふじさん→Huzisan [Fujisan]
- しながわ→Sinagawa [Shinagawa]
- じゅうどう→zyûdô [jûdô]

◎コンピューターのローマ字入力

ローマ字で入力するとき，二通りの書き方があるものは，どちらで打《う》ってもかまいません。

ふつう，「を」は「WO」，「ん」は「NN」と打《う》ちますが，コンピューターによっては，ちがうこともあります。

とく点

点

1 次《つぎ》のローマ字の言葉《ことば》の読み方を，ひらがなで書きましょう。 （1つ6点）

(1) shika （しか）　(2) Chiba （ちば）

(3) huta （　　）　(4) TÔKYÔ （　　）

(5) tsuki （　　）　(6) Fujisan （　　）

(7) jûdô （　　）　(8) Sibuya （　　）

2 次《つぎ》の人名を，ローマ字で書きましょう。 （1つ8点）

(1) いとう　けんいち

Itô-Ken'iti

↓

Itô-Ke

(2) たなか　りょうこ

Tanaka-Ryôko

↓

Ta　-

3 次《つぎ》の地名を，ローマ字で書きましょう。 （1つ9点）

(1) とうきょう

TÔKYÔ

↓

TÔ

(2) しながわ

Shinagawa

↓

Shi

(3) おおさか

Ôsaka

↓

Ô

(4) にっぽん

NIPPON

↓

NI

# 67 ふくしゅうドリル⑨

**1** 次《つぎ》の空いている□にあてはまる、こそあど言葉《ことば》を書きましょう。（一つ3点）

| | ものごと | | 場所《ばしょ》 | 方向《ほうこう》 | 様子《ようす》 |
|---|---|---|---|---|---|
| こ | (1) | (3) | ここ | こちら | こんな |
| そ | それ | その | (5) | (7) | そんな |
| あ | あれ | (4) | あそこ | (8) | (9) |
| ど | (2) | どの | (6) | どちら | (10) |

**2** □のこそあど言葉《ことば》がさししめしていることがらを書きましょう。（一つ6点）

(1) きのう、お父さんと公園に出かけた。そこでキャッチボールをした。

（　　）

(2) 家の庭《にわ》にはたくさんの花がさいている。そこには、チューリップもある。

（　　）

(3) 図書館《としょかん》で古くてあつい本を見つけた。読んでみると、それは動物《どうぶつ》の図かんだった。

（　　）

とく点
点

3 ――の言葉《ことば》を、「そうだ」を使《つか》って、人から聞いた言い方に書きかえましょう。 （一つ4点）

〈れい〉 姉は学校に行った。

（行ったそうだ）

(1) たかしくんの家は学校から遠い。

（　　　　　　）

(2) 兄は運動《うんどう》するのがすきだ。

（　　　　　　）

(3) お昼に駅《えき》を出発《しゅっぱつ》する。

（　　　　　　）

(4) お茶を飲《の》み終《お》えた。

（　　　　　　）

(5) 友だちとちがうクラスになった。

（　　　　　　）

4 次《つぎ》のローマ字の言葉《ことば》の読み方を，ひらがなで書きましょう。 （1つ4点）

(1) kaeru （　　　　）　(2) kisha （　　　　）

(3) kon'ya （　　　　）　(4) shippo （　　　　）

5 次《つぎ》の言葉《ことば》を，ローマ字で書きましょう。 （1つ4点）

(1) めがね　(2) きっぷ

(3) ふうせん　(4) ちゃわん

# 68 テスト①

1 [　]の言葉《ことば》を、次《つぎ》の(1)〜(3)に分けて書きましょう。（一つ2点）

(1) ものやものごとを表《あらわ》す言葉《ことば》。

（　　）・（　　）

(2) 動《うご》きを表《あらわ》す言葉《ことば》。

（　　）・（　　）

(3) 様子《ようす》を表《あらわ》す言葉《ことば》。

（　　）・（　　）

少ない・動物園《どうぶつえん》・作る・わらう
起《お》きる・楽しい・鉄橋《てっきょう》

2 反対《はんたい》の意味《いみ》の言葉《ことば》を、[　]からえらんで書きましょう。（一つ4点）

(1)（　　）↔ 暗《くら》い

(2)（　　）↔ 弱い

(3)（　　）↔ 寒《さむ》い

(4)（　　）↔ しめる

(5)（　　）↔ 拾《ひろ》う

(6)（　　）↔ 負《ま》ける

強い・暑《あつ》い・広い・明るい
勝《か》つ・ねる・開《あ》ける・すてる

とく点

点

3 〈　〉の言葉《ことば》を、文に合う形にかえて、（　）に書きましょう。（一つ4点）

(1) 〈光る〉
ライトが（　　）なかった。
目がきらりと（　　）た。

(2) 〈進《すす》む〉
バスが前に（　　）ない。
前に（　　）ば、池がある。

(3) 〈注《そそ》ぐ〉
コップに水を（　　）ます。
カップにお湯《ゆ》を（　　）だ。

(4) 〈軽《かる》い〉
荷物《にもつ》が（　　）なった。
かばんは（　　）た。

4 ――の言葉《ことば》を、国語じてんに出ている形（言い切りの形）に書きかえましょう。（一つ5点）

〈れい〉
絵をかきます。→（かく）
色が青かった。→（青い）

(1) 紙くずをすてた。→（　　）
(2) 広くてきれいなへや。（　　）
(3) おかしを食べました。（　　）
(4) 遠ければ、行けない。（　　）
(5) ひもが少し短《みじか》かった。（　　）
(6) 友だちが遊《あそ》んでいた。（　　）

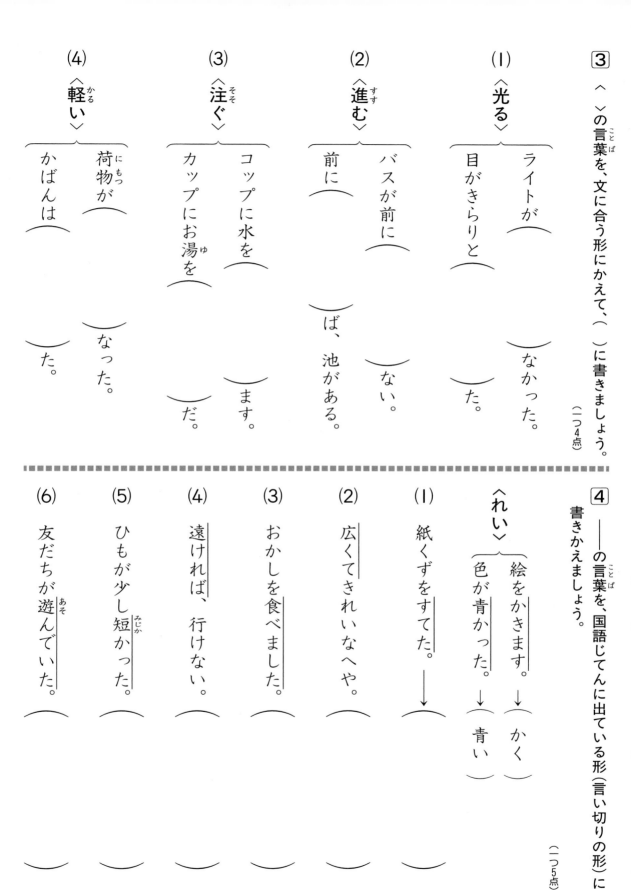

# 69 テスト②

1 次《つぎ》の部首《ぶしゅ》をもつ漢字《かんじ》は、どんなことがらと関係《かんけい》がありますか。□に合う漢字《かんじ》を、⬚からえらんで書きましょう。（一つ2点）

(1) 亻…□に関係《かんけい》がある。

(2) 土…□に関係《かんけい》がある。

(3) 氵…□に関係《かんけい》がある。

(4) 扌…□や手のはたらきに関係《かんけい》がある。

(5) 言…言葉《ことば》や□うことに関係《かんけい》がある。

木・土・人・手・水・言

2 ▢と読む漢字《かんじ》を、□に書きましょう。（一つ3点）

(1) のぼ(る)
- 魚が川を□る。
- ふじ山《さん》に□る。

(2) もの
- 町のわか□。
- 母と買《か》い□に行く。

(3) こう
- 学校の方《ほう》□。
- 広い空《くう》□。
- □福《ふく》な家庭《かてい》。

(4) しん
- ギリシア□話《わ》。
- 入場行《こう》□の音楽。
- □長《ちょう》がのびる。

とく点
点

**3** 漢字《かんじ》のまちがいに×をつけて、右がわに正しく書きましょう。（一つ4点）

〈れい〉学級《がっきゅう》全買《ぜんいん》が集《あつ》まる。
員

(1) 長《なが》い文商《ぶんしょう》の作品《さくひん》を多《おお》く読《よ》む。

(2) 図書館《としょかん》で本《ほん》の第名《だいめい》や作家《さっか》を調《しら》べた。

(3) 母《はは》は、洋毛《ようもう》の服《ふく》を着《き》て出《で》かけた。

(4) 相手《あいて》にボールを役《な》げると、ぽとりと落《お》とした。

(5) 車《くるま》が急《きゅう》に止《と》まったので、ふり帰《かえ》って見《み》た。

**4** ――の言葉《ことば》を漢字《かんじ》と送《おく》りがなで書きましょう。（一つ5点）

(1) 朝、六時におきる。（　　）

(2) 始業式《しぎょうしき》をおこなう。（　　）

(3) ただちに出発《しゅっぱつ》する。（　　）

(4) 線と線がまじわる。（　　）

(5) うつくしいながめ。（　　）

(6) ひもをみじかく切る。（　　）

(7) しあわせにくらす。（　　）

(8) 身なりをととのえる。（　　）

# 70 テスト③

1 次《つぎ》の空いている□にあてはまる、こそあど言葉《ことば》を書きましょう。（一つ2点）

| | ものごと | | 場所《ばしょ》 | 方向《ほうこう》 | 様子《ようす》 |
|---|---|---|---|---|---|
| こ | これ | (3) | ここ | (7) | (9) |
| そ | (1) | その | (5) | (8) | そんな |
| あ | あれ | あの | (6) | あちら | (10) |
| ど | (2) | (4) | どこ | どちら | どんな |

2 □のこそあど言葉《ことば》がさしていることがらを書きましょう。（一つ8点）

(1) 校庭《こうてい》に出てなわとびをした。［そこ］ではたくさんの人が遊《あそ》んでいた。

（　　）

(2) 音楽室《おんがくしつ》からピアノの音が聞こえてきた。［それ］はとてもきれいな曲《きょく》だった。

（　　）

(3) 先週《せんしゅう》、大切なノートをなくしてしまった。［あれ］はどこに行ってしまったのだろう。

（　　）

とく点

点

**3** 次《つぎ》の文の主語《しゅご》（「何が（は）」「だれが（は）」）とじゅつ語《ご》（「どうする」「どんなだ」「何だ」）にあたる言葉《ことば》を書きましょう。（一つ2点）

(1) ぼくは、ていねいに手紙を書いた。

▼主語《しゅご》（　　　）　▼じゅつ語《ご》（　　　）

(2) あの大きな木は、さくらだ。

▼主語《しゅご》（　　　）　▼じゅつ語《ご》（　　　）

(3) コーヒーがとてもあつい。

▼主語《しゅご》（　　　）　▼じゅつ語《ご》（　　　）

(4) 木のえだが、さわさわと風にゆれた。

▼主語《しゅご》（　　　）　▼じゅつ語《ご》（　　　）

**4** ――の言葉《ことば》（しゅうしょく語《ご》）が、くわしくしている言葉《ことば》を書きましょう。（一つ8点）

(1) 黒い ねこが、すばやく通りすぎた。（　　　）

(2) 大すきなだんごを、たらふく食べた。（　　　）

(3) たくさんの色を使《つか》って、かべをぬる。（　　　）

(4) へやの中をぴかぴかにそうじする。（　　　）

(5) うすい上着《うわぎ》なので、とても寒《さむ》い。（　　　）

# 答え

- 文や文章《ぶんしょう》を使《つか》った問題《もんだい》では、文章中《ぶんしょうちゅう》の言葉《ことば》を正《せい》かいとしています。
- れい の答えでは、にた内《ない》ようが書けていれば正《せい》かいです。
- 〈 〉は、ほかの答え方です。
- 言葉《ことば》を書く問題《もんだい》や、漢字《かんじ》の書きの問題《もんだい》では、全部《ぜんぶ》書けて一つの正《せい》かいとなります。

## 1 なかまの言葉《ことば》① 2・3ページ

1 (1)すみれ (2)つくえ (3)たぬき (4)雲 (5)ピンク

2 (1)タクシー (2)スカート (3)白 (4)ねこ (5)四角

3 (1)ノート (2)めだか (3)トマト (4)デパート (5)ズボン

## 2 なかまの言葉《ことば》② 4・5ページ

1 (1)おかし (2)虫 (3)自動車 (4)野さい

2 (1)めだか (2)さんま (3)くだもの (4)ノート

3 (1)ぶどう (2)野さい (3)なす (4)ちょう (5)鳥 (6)からす

## 3 なかまの言葉《ことば》③ 6・7ページ

1 (1)学校 (2)空 (3)遠足 (4)本

2 (1)見る (2)読む (3)歌う

3 (1)近い (2)太い (3)かたい

4 (1)木・学校・皿・風
(2)食べる・聞く・言う・わらう
(3)小さい・細かい・明るい・赤い

※4は、言葉のじゅんじょがちがっても正かいです。

## 4 組み合わせた言葉《ことば》① 8・9ページ

1 (1)昼休み (2)赤とんぼ (3)長ズボン (4)近道 (5)動き回る (6)食べ終わる

2 (1)絵本 (2)おくる (3)起きる (4)指人形 (5)長い (6)走る (7)とび上がる

3 (1)高いビルを見上げる。
(2)れい プレゼントを受け取る。
(3)れい 鳥が空をとび回る。
(4)れい 本のページを切り取る。

## 5 組み合わせた言葉《ことば》② 10・11ページ

1 (1)あまがさ (2)たからばこ (3)くもりぞら (4)いとぐるま (5)うんどうぐつ (6)わらいがお

2 (1)かなもの (2)から (3)かぜ (4)ながぐつ (5)こえ (6)やまごや (7)はこ

3 (1)はなばたけ (2)ながばなし (3)ぬけがら (4)かなあみ (5)うでずもう (6)かざむき (7)なきがお

## 6 ふくしゅうドリル① 12・13ページ

1 (1)虫 (2)おかし (3)自動車 (4)野さい

2 (1)木・風
(2)食べる・書く・聞く・言う
(3)明るい・細かい

※2は、言葉のじゅんじょが ちがっても正かいです。

3 (1)プリン (2)くだもの (3)バナナ (4)とんぼ (5)魚 (6)こい

4 (1)はなばたけ (2)わらいごえ (3)ぬけがら (4)かなもの (5)くもりぞら (6)たからばこ (7)なきがお

## 7 反対《はんたい》の意味《いみ》の言葉《ことば》① 14・15ページ

1 (1)小さい (2)短い (3)細い (4)少ない (5)弱い (6)暗い

2 (1)太い (2)おそい (3)暑い (4)新しい (5)遠い (6)せまい

3 (1)強い (2)暗い (3)短い (4)太い

## 8 反対《はんたい》の意味《いみ》の言葉《ことば》② 16・17ページ

1 (1)後ろ (2)外がわ (3)入る (4)売る (5)負ける (6)終わる

2 (1)入る (2)行く (3)下がる (4)売る (5)すてる (6)しめる

3 (1)買う (2)拾う (3)勝つ (4)始まる

## 9 反対《はんたい》の意味《いみ》の言葉《ことば》③ 18・19ページ

1 (1)ひくい (2)安い (3)着る (4)はく (5)寒い (6)うすい

2 (1)ひくい (2)安い (3)着る (4)はく (5)寒い (6)うすい

3 (1)ひくい (2)安い (3)着る (4)はく

## 10 にた意味《いみ》の言葉《ことば》 20・21ページ

1 (1)ながめる (2)言う (3)にっこりする (4)太陽 (5)美しい

2 (1)美しい (2)うれしい (3)あたたかい (4)すずしい

3 (1)話す (2)ながめる (3)出かける (4)にぎる

## 11 動《うご》きを表《あらわ》す言葉《ことば》① 22・23ページ

1 (1)持つ・にぎる (2)歩く・ける (3)食べる・よぶ (4)ながめる・見つめる (5)ねる・起きる

2 (1)投げる (2)とぶ (3)よぶ (4)ながめる

3 (1)妹が二階からさけぶ。
(2)[れい]かえるがはねる。
(3)[れい]弟はつかれて、しゃがむ。
(4)[れい]赤ちゃんが見つめる。

## 12 動《うご》きを表《あらわ》す言葉《ことば》② 24・25ページ

1 (右から)(1)か・き・こ (2)ば・び・ん (3)り・れ・っ (4)ま・め・も

2 (1)走り (2)歩こ (3)よん (4)立た (5)拾っ

3 (1)飲み・飲ん (2)話さ・話し (3)泳ご・泳げ (4)思っ・思わ

## 13 ふくしゅうドリル② 26・27ページ

1 (1)出る (2)少ない (3)太い (4)しめる (5)行く (6)新しい

2 (1)短い (2)拾う (3)暑い (4)終わる

3 (1)とび (2)走り (3)歩こ (4)立た (5)よん (6)拾っ

4 (1)走ら・走っ (2)飲ま・飲ん (3)泳ご・泳げ (4)思っ・思わ

## 14 様子《ようす》を表《あらわ》す言葉《ことば》① 28・29ページ

1 (1)赤い (2)長い (3)古い (4)暗い (5)重い (6)暑い

2 (1)近い (2)新しい (3)細長い (4)やわらかい

3 (1)短い (2)うるさい (3)すずしい (4)明るい

## 15 様子《ようす》を表《あらわ》す言葉《ことば》② 30・31ページ

1 (右から)(1)かっ・く・けれ (2)かっ・く・けれ (3)かっ・く・い (4)かっ・く・い

2 (1)赤く (2)古けれ (3)楽しかっ (4)新しく (5)少なかっ

3 (1)長い・長かっ (2)明るく・明るけれ (3)かたかっ・かたけれ (4)悲しかっ・悲しい

## 16 様子《ようす》を表《あらわ》す言葉《ことば》③ 32・33ページ

1 (1)ザーザー (2)トントン (3)ワンワン (4)つるつる (5)ふわふわ

2 (1)チュンチュン (2)ガチャン (3)ガオーッ (4)ぴかっ (5)ぴょん (6)びっしょり

3 (1)からすがカーカー鳴く。
(2)[れい]せんべいをパリパリ食べる。
(3)[れい]赤ちゃんがすやすやねむる。
(4)[れい]パンにジャムをたっぷりぬる。

## 17 国語じてんの使《つか》い方《かた》① 34・35ページ

1 (1)あさ (2)あと (3)かえる (4)とけい (5)あお (6)かさ (7)はかせ (8)たいこ

2 (1)(2)・(1) (2)(1)・(2) (3)(2)・(1)

(4) 2 1
(5) 2 3 1
(6) 3 2 1
(7) 2 3 1
(8) 1 2 3

## 18 国語じてんの使い方《つかいかた》② 36・37ページ

1 (1)話す (2)近い (3)泳ぐ (4)古い
2 (1)読む (2)多い (3)ふく (4)黒い (5)食べる (6)寒い
3 (1)広い (2)流れる (3)泳ぐ (4)行く (5)新しい (6)買う

## 19 ふくしゅうドリル③ 38・39ページ

1 (1) 広く / 広けれ (2) 明るかっ / 明るく (3) 少なけれ / 少なかっ
2 (1) 3 1 2 (2) 2 1 3 (3) 3 1 2 (4) 3 1 2 (5) 2 3 1 (6) 1 2 3
3 (1)食べる (2)楽しい (3)歩く (4)明るい (5)話す (6)遠い
4 (1)円い (2)さく (3)すわる (4)寒い (5)着る (6)強い (7)言う

## 20 同じ部首《ぶしゅ》の漢字《かんじ》① 40・41ページ

1 (1)住・休 (2)柱・横 (3)打・持 (4)数・放 (5)頭・題
2 (1)海・泳 (2)作・係 (3)調・記 (4)指・拾 (5)勉・動 (6)都・部
3 (1)体・係 (2)柱・横 (3)指・持 (4)池・泳 (5)放・教 (6)都・部

## 21 同じ部首《ぶしゅ》の漢字《かんじ》② 42・43ページ

1 (1)落・葉 (2)実・寒 (3)笛・箱 (4)感・意 (5)道・遊
2 (1)苦・薬 (2)客・安 (3)等・筆 (4)息・急 (5)間・開 (6)返・送
3 (1)苦・薬 (2)算・等 (3)雪・雲 (4)急・息 (5)返・送 (6)国・園

## 22 漢字《かんじ》の組み立て 44・45ページ

1 (1)等 (2)植 (3)姉 (4)和 (5)昔 (6)鉄
2 (1)妹 (2)柱 (3)味 (4)暑 (5)箱 (6)銀
3 (1)板 (2)暗 (3)始 (4)員 (5)笛 (6)鉄

## 23 部首《ぶしゅ》の意味《いみ》 46・47ページ

1 (1)水 (2)人 (3)手 (4)土 (5)木
2 (1)池・海・泳 (2)板・柱・植 (3)体・使・仕 (4)投・指・拾
3 (1)木 (2)人 (3)水 (4)土 (5)手 (6)言

## 24 漢字《かんじ》のなり立ち 48・49ページ

1 (1)木 (2)火 (3)竹 (4)山 (5)日 (6)雨 (7)目 (8)手
2 (1)子 (2)貝 (3)女 (4)犬 (5)牛 (6)角 (7)鳥 (8)羽 (9)魚 (10)門
3 (1)下 (2)上 (3)本 (4)中
4 (1)林 (2)岩 (3)鳴 (4)明

## 25 ふくしゅうドリル④ 50・51ページ

1 (1)柱 (2)始 (3)味 (4)箱 (5)銀
2 (1)竹 (2)目 (3)羽 (4)雨 (5)貝 (6)魚 (7)犬 (8)鳥
3 (1)柱・横 (2)海・泳 (3)笛・箱 (4)打・拾 (5)急・意 (6)遊・返
4 (1)人 (2)土 (3)木 (4)水 (5)言 (6)手

## 26 いろいろな読み方の漢字《かんじ》① 52・53ページ

1 (1) かい / うみ (2) し / とし (3) ぎゅう / うし (4) どう / おな (5) かい / あ (6) たい / からだ
2 (1) きょく / ま (2) こん / いま (3) たん / みじか (4) こく / くに (5) しゃ / うつ (6) とう / あ

(7) ばい / う　(8) ない / うち

**3** (1) こうか / うたごえ　(2) ちょうしょく / あさひ　(3) はくちょう / ことり　(4) しんせつ / おやこ　(5) やきゅう / のはら

## 27 いろいろな読み方の漢字《かんじ》② 54・55ページ

**1** (1) めい・みょう / あか・あ / あ　(2) ぶつ / もつ / もの

**2** (1) 平・平 / 平・平　(2) 後・後 / 後・後　(3) 重・重 / 重・重

**3** (1) ご・こう / うし・あと　(2) へい・びょう / たい・ひら　(3) じゅう・ちょう / おも・かさ

## 28 なかまの漢字《かんじ》① 56・57ページ

**1** (1)―イ　(2)―ア　(3)―エ　(4)―ウ

**2** (1) りょかん　(2) としょかん　(3) びょういん　(4) すいぞくかん

**3** (1) 足・顔・首・頭　(2) 犬・牛・馬・羊　(3) 竹・米・麦・豆　(4) 店・駅・家・港・寺・橋

※3は、言葉《ことば》のじゅんじょがちがっても正かいです。

**4** (1) 鼻・皮　(2) 湖・島　(3) 牛・羊　(4) 実・葉・根　(5) 駅・港・橋

## 29 なかまの漢字《かんじ》② 58・59ページ

**1** (1)―ウ　(2)―ア　(3)―エ　(4)―イ

**2** (1) たいいく　(2) むかしばなし　(3) ししゅう　(4) ぶんこ

**3** (1) 医者・主役・助手・家族　(2) 勉強・黒板・練習・宿題　(3) 安心・決心・心配・注意

※3は、言葉《ことば》のじゅんじょがちがっても正かいです。

**4** (1) 悲・悪　(2) 委員・代表・投手・打者　(3) 研究・発表・黒板・問題

## 30 形のにた漢字《かんじ》① 60・61ページ

**1** (1) 秒　(2) 帳　(3) 始　(4) 羊　(5) 由

**2** (1) 秒　(2) 洋　(3) 住・柱　(4) 坂・板　(5) 待・持・等・詩

**3** (1) 油・笛　(2) 台・始　(3) 住・注　(4) 板・返　(5) 持・待・等・詩

## 31 形のにた漢字《かんじ》② 62・63ページ

**1** (1) 氷　(2) 全　(3) 昔　(4) 血　(5) 田

**2** (1) 皿 / 血　(2) 北 / 化　(3) 役 / 投　(4) 負 / 買　(5) 根 / 銀　(6) 水 / 氷

**3** (1) ~~由~~申しこみ用紙…。　(2) …~~血~~皿に…。　(3) …~~役~~投げた。　(4) …全~~買~~員で…。　(5) …~~音~~昔話の…。

## 32 ふくしゅうドリル⑤ 64・65ページ

**1** (1) きょく / ま　(2) しゃ / うつ　(3) ひら / たい　(4) しあわ / さいわ　(5) たん / みじか　(6) じゅう / ちょう

**2** (1) 駅・橋・港・店　(2) 勉強・文章・宿題・文庫

**3** (1) 坂 / 返　(2) 注 / 柱　(3) 持 / 待　(4) 音 / 昔　(5) 根 / 銀　(6) 皿 / 血

**4** (1) お~~北~~化けの…。　(2) …自~~申~~由研究を…。　(3) …全~~買~~員が…。　(4) …主~~投~~役に…。　(5) …一~~詩~~等の…。

## 33 同じ読み方の漢字《かんじ》① 66・67ページ

1 (1)委 (2)究 (3)工 (4)州 (5)止

2 (1)員 院 (2)央 横 (3)感 館 (4)行 港 (5)紙 仕 (6)終 習

3 (1)…委味を…。 意
(2)…中横に…。 央
(3)…学究委員を…。 級
(4)…方衔に…。 向
(5)…指用して…。 使

## 34 同じ読み方の漢字《かんじ》② 68・69ページ

1 (1)消 (2)新 (3)晴 (4)朝 (5)当

2 (1)昭 章 (2)身 神 (3)相 想 (4)登 等 (5)代 題 (6)命 鳴

3 (1)…入場行必の…。 進
(2)…丞理すると…。 整
(3)…校内放迷で…。 送
(4)…手諷に…。 帳
(5)…勝品を…。 商

## 35 同じ読み方の漢字《かんじ》③ 70・71ページ

1 (1)皮 (2)歯 (3)切 (4)負 (5)明

2 (1)花 鼻 (2)者 物 (3)話 放 (4)上 登 (5)川 皮 (6)負 追

3 (1)…木の歯が…。 葉
(2)…実の…。 身
(3)…切る…。 着
(4)…ひっくり帰った。 返
(5)…明けた。 開

## 36 漢字《かんじ》を組み合わせた言葉《ことば》① 72・73ページ

1 (1)文 (2)外 (3)線 (4)向 (5)事

2 (1)こうさく さっか (2)あさがた ほうがく (3)がいこく ゆきぐに (4)じつぶつ じっこう (5)にっちょく ちょっかく (6)ほうこう ぜんぽう

3 (1)品・文 (2)角・朝・両 (3)感・事・真 (4)学級・音楽 (5)市役・発電

※3(2)「角」、(3)「感」のほかは、言葉《ことば》のじゅんじょがちがっても正かいです。

## 37 漢字《かんじ》を組み合わせた言葉《ことば》② 74・75ページ

1 (1)（○）（　） (2)（　）（○） (3)（○）（　） (4)（　）（○）

2 (1)ア (2)イ (3)ア (4)イ

## 38 漢字《かんじ》を組み合わせた言葉《ことば》③ 76・77ページ

1 (1)下 (2)外 (3)小 (4)弱

2 (1)足 (2)林 (3)体 (4)路

3 (1)内外・前後・強弱 (2)身体・田畑 (3)強風・早朝

※3は、言葉《ことば》のじゅんじょがちがっても正かいです。

4 (1)小 (2)弱 (3)短 (4)後

5 (1)強風 (2)新年 (3)短文

3 (1)①身 ②年 ③市 (2)①線 ②火 ③同

## 39 ふくしゅうドリル⑥ 78・79ページ

1 (1)強弱・前後 (2)道路・身体 (3)早朝・強風

※1は、言葉《ことば》のじゅんじょがちがっても正かいです。

2 (1)ウ (2)ア (3)イ (4)ウ

3 (1)章 消 (2)登 当 (3)究 級 (4)向 港 (5)話 放 (6)身 実

4 (1)…図書感で…。 館
(2)…練終する。 習
(3)…鼻が…。 花
(4)…返り道には…。 帰
(5)…夜窒け前に…。 明

## 40 送《おく》りがな① 80・81ページ

1 (1)あ (2)い (3)おこな (4)おし (5)こま (6)すく

2 (1){あ のぼ} (2){い おこな} (3){い はい}
(4){すく すこ} (5){ほそ こま} (6){おし おそ}
3 (1)る (2)れる (3)い (4)える
(5)う (6)ない (7)わる (8)かい

## 41 送《おく》りがな②
82・83ページ

1 (1)①か ②け ③い
(2)①び ②ぶ ③ぼ
2 (1)①ら ②る ③り ④ろ
(2)①わ ②お ③え ④っ
3 (1)①行き ②行っ
(2)①話し ②話さ
(3)①通れ ②通っ

## 42 送《おく》りがな③
84・85ページ

1 (1)①かっ ②く ③けれ
(2)①しかっ ②しく ③しけれ
2 (1)①かっ ②く ③い ④けれ
(2)①しかっ ②しく ③しい ④しけれ
3 (1)①長かっ ②長けれ
(2)①強く ②強かっ
(3)①悲しかっ ②悲しく

## 43 送《おく》りがな④
86・87ページ

1 (1)①べ ②べれ ③べ
(2)①き ②き ③きれ
2 (1)える (2)ら (3)い (4)ちに

(5)わる (6)える (7)しい (8)い
3 (1)食べる (2)起きる (3)調べる
(4)表れる (5)幸せ

## 44 丸(。)、点(、)かぎ(「 」)の使《つか》い方《かた》①
88・89ページ

1 (1)からすが、…いる。
(2)わたしは、…泳いだ。
(3)きのう、…ふりました。
(4)…帰ると、…いた。
(5)…いったが、…ふらなかった。
(6)…さいたので、…かいた。
2 (1)…かいた。
(2)…とんでいる。
(3)…待っていた。
(4)…出るだろう。
(5)…行った。…。
(6)…着ました。
3 (1)きのう、…。
(2)…魚が、…。
(3)…着いたら、…。
(4)…よければ、…。
(5)…でも、…。
(6)…早かったので、…。

## 45 丸(。)、点(、)かぎ(「 」)の使《つか》い方《かた》②
90・91ページ

1 (1)「こんにちは。」
(2)「きょう、遊びに来ない。」
(3)「おはよう。」
(4)「あっ、にじだ。」

2 (1)ぼく、はしっている。
(2)わたし、はいるよ。
(3)ぼくね、ころんだの。
(4)ここでは、きものをぬぐ。
(5)わたし、はいしゃになりたい。
3 (1)
　たかしくんが、

「あっ、魚だ。」

と、大声を出した。

(2)
　わたしは、
「この野さいは、何。」
と、おじいさんに聞きま
した。

## 46 ふくしゅうドリル⑦
92・93ページ

1 (1){ない し} (2){れる る} (3){く う} (4){える わる}
2 (1)①言い ②言わ
(2)①歌っ ②歌い
(3)①軽けれ ②軽く
3 (1)考える (2)短い (3)交わる
(4)整える (5)美しい
4
　ごはんを作りながら、
お母さんが、
「てつだって。」
と言った。わたしは、
「わかった。」
と言って、いすから立ち
上がった。

## 47 文の組み立て①
94・95ページ

1 (1)犬が (2)ねこが (3)男の子が (4)女の子が

2 (1)犬が (2)ねこが (3)うさぎは (4)ねずみは (5)男の子が (6)女の子が (7)妹は (8)弟は

3 (1)犬が (2)ねこが (3)たぬきは (4)女の子が (5)ぼくは

## 48 文の組み立て②
96・97ページ

1 (1)走る (2)鳴く (3)黒い (4)動物だ

2 (1)走る (2)はねる (3)大きい (4)四才だ (5)見る (6)かわいい (7)投げる (8)三年生だ

3 (1)ほえる (2)追いかける (3)白い (4)十二才です (5)ガラスだ

## 49 文の組み立て③
98・99ページ

1 (1)（○）（　） (2)（○）（　） (3)（　）（○） (4)（　）（○）

2 (1)ほえる (2)れい鳴く (3)れい泳ぐ (4)れい食べる (5)れい歌う

3 (1)かわいい (2)長い (3)つめたい (4)うるさい

## 50 文の組み立て④
100・101ページ

1 (1)妹です (2)子ねこだ (3)すみれだ (4)なき虫だ

2 (1)ある (2)いる (3)ある (4)いる

3 (1)犬が (2)こいだ (3)きれいだ (4)食べる

4 (1)ねこがニャーと鳴く。 (2)れいはとが豆を食べる。 (3)れい空のにじがきれいだ。 (4)れい池の岩にかめがいる。

## 51 くわしくする言葉《ことば》①
102・103ページ

1 (1)小さな (2)大きな (3)黒い (4)重い

2 (1)大きな (2)高い (3)明るい (4)強い

3 (1)白い犬がほえる。 (2)れいつめたいジュースを飲む。 (3)れいかたいせんべいを食べる。 (4)れいあつい本を読む。

## 52 くわしくする言葉《ことば》②
104・105ページ

1 (1)すいすい (2)はげしく (3)ぐんぐん (4)ゆっくりと

2 (1)チュンチュン (2)急いで (3)ゆっくり (4)ぐるぐる

3 (1)手紙の返事をすぐに書く。 (2)れい氷がつるつるすべる。 (3)れい新かん線がゴーッと走る。 (4)れいかみなりがゴロゴロ鳴る。

## 53 くわしくする言葉《ことば》③
106・107ページ

1 (1)花 (2)ねこ (3)朝 (4)星空 (5)子ぎつね

2 (1)とぶ (2)飲む (3)ゆれる (4)行く (5)遊ぶ

3 (1)きれいな・きらきら (2)広い・のびのび (3)あまい・もぐもぐ

## 54 くわしくする言葉《ことば》④
108・109ページ

1 (1)きのう (2)おととい (3)あした (4)きょう (5)朝

2 (1)へやで (2)海で (3)森で (4)学校で (5)庭で

3 (1)兄が、広場でボールを投げた。 (2)れい馬が、ぼく場で走っていた。 (3)れいぼくは、プールで泳いだ。 (4)れいわたしは、庭で草むしりをした。

## 55 ふくしゅうドリル⑧
110・111ページ

1 (1)雪が・つもる (2)よう子は・書く (3)鳥は・すずめだ (4)まくらが・やわらかい

2 (1)ウ (2)イ (3)ア (4)イ (5)エ (6)ア

3 (1)風船 (2)スープ (3)道 (4)へや (5)体育館

4 (1)なでる (2)鳴る (3)歩く

(4)わらった　(5)かたづいた

## 56 こそあど言葉《ことば》①　112・113ページ

1 (1)これ　(2)それ　(3)あれ　(4)どれ

2 (1)これ　(2)それ　(3)どれ　(4)あれ

3 (1)それ　(2)あれ　(3)これ　(4)どれ

## 57 こそあど言葉《ことば》②　114・115ページ

1 (1)それ　(2)あれ　(3)その　(4)どの

(5)ここ　(6)あそこ　(7)こちら　(8)どちら

(9)こんな　(10)そんな

2 (1){こちら／こんな}　(2){それ／そんな}

(3){あれ／あの}　(4){どの／どちら}

※2は、言葉《ことば》のじゅんじょがちがっても正かいです。

3 (1)ここ　(2)あの　(3)この　(4)あそこ

## 58 こそあど言葉《ことば》③　116・117ページ

1 (1)そこ　(2)それ　(3)そこ

2 (1)大きな箱　(2)赤い洋服

(3)公園のふん水

3 (1)古いアルバム　(2)新しいくつ

(3)白いハンカチ　(4)公園の花だん

## 59 文をつなぐ言葉《ことば》①　118・119ページ

1 (1)だから　(2)でも　(3)だから　(4)でも

2 (1)だから　(2)でも　(3)だから

(4)だから　(5)でも

3 (1)①だから、花がさいた。

②れい でも、花はさかなかった。

(2)①れい だから、バスに乗れた。

②れい でも、バスに乗れなかった。

## 60 文をつなぐ言葉《ことば》②　120・121ページ

1 (1)それで　(2)しかし　(3)また

(4)すると

2 (1)それで　(2)ところが　(3)さらに

(4)それで　(5)ところが

3 (1)それで、家族でおいわいをした。

(2)れい しかし、けがはしなかった。

(3)れい また、野球もすきだ。

## 61 いろいろな言い方①　122・123ページ

1 (1)（　）（◯）　(2)（◯）（　）　(3)（　）（◯）

(4)（◯）（　）　(5)（　）（◯）

2 (1)歩きます

(2)帰りました

(3)理科室です

(4)行きますか

(5)見ません

3 (1)公園にふん水がある。

(2)これは、消しゴムです。

(3)何時に帰ってきますか。

(4)きょうは、泳ぎません。

(5)川の水がふえた。

## 62 いろいろな言い方②　124・125ページ

1 (1)（　）（◯）　(2)（◯）（　）

2 (1)（◯）（　）　(2)（　）（◯）

3 (1)クラスだそうだ

(2)すきだそうだ

(3)近いそうだ

(4)かっていたそうだ

(5)終わったそうだ

4 (1)さくだろう

(2)ほえているようだ

(3)帰ってきたようだ

(4)引っこすらしい

(5)はくらしい

## 63 いろいろな言い方③　126・127ページ

1 (1)（◯）（　）　(2)（　）（◯）　(3)（◯）（　）　(4)（　）（◯）

2 (1)やりなさい　(2)飲みたい

(3)待ってください　(4)歩きましょう

3 (1)れい 行きたい

(2)れい とどけてください

(3)れい すきですか

(4)れい 食べましょう

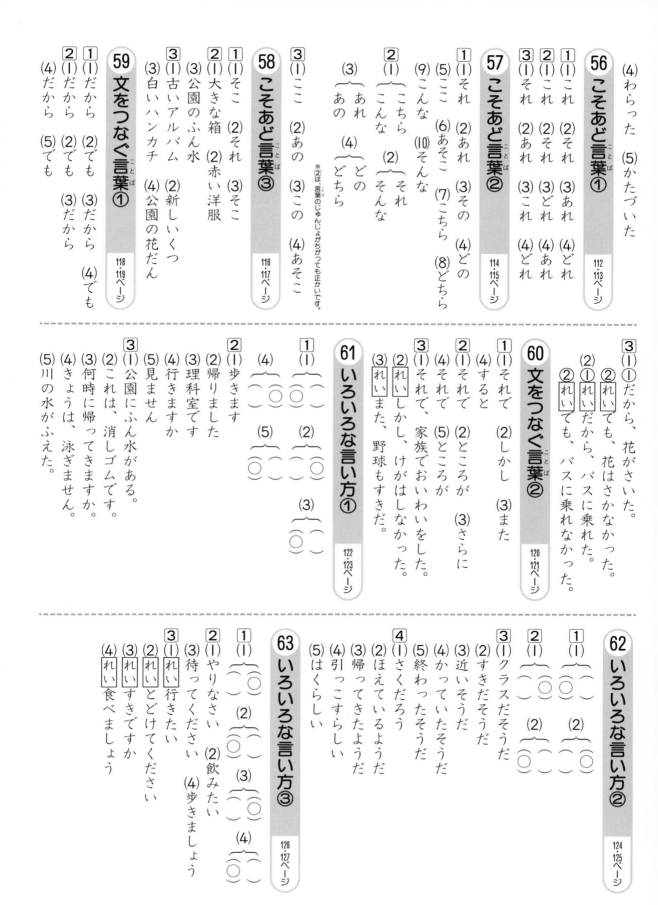

## 64 ローマ字①

128・129ページ

1 (1)あり　(2)いぬ
(3)えび　(4)かさ
(5)きりん　(6)けいと

2 (1) ari　(2) inu
(3) usi 〈ushi〉
(4) kasa　(5) kutu 〈kutsu〉
(6) koma　(7) kimono　(8) megane

## 65 ローマ字②

130・131ページ

1 (1)きって　(2)おかあさん
(3)らっぱ　(4)ふうせん
(5)いしゃ　(6)ほんや

2 (1)bôsi　(2)gakki
(3)kon'ya　(4)tyairo

3 (1) onîsan　(2) ten'in
(3) sekken　(4) kin'yôbi
(5) omotya 〈omocha〉
(6) gakkô

## 66 ローマ字③

132・133ページ

1 (1)しか　(2)ちば
(3)ふた　(4)とうきょう
(5)つき　(6)ふじさん
(7)じゅうどう　(8)しぶや

2 (1) Itô-Ken'iti 〈Itô-Ken'ichi〉
(2) Tanaka-Ryôko

3 (1) TÔKYÔ　(2) Shinagawa
(3) Ôsaka　(4) NIPPON

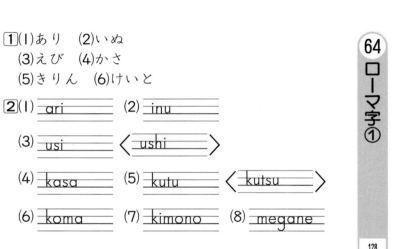

## 67 ふくしゅうドリル⑨

134・135ページ

1
(1)これ (2)どれ (3)この (4)あの
(5)そこ (6)どこ (7)そちら (8)あちら
(9)あんな (10)どんな

2
(1)公園 (2)家の庭 (3)古くてあつい本

3
(1)遠いそうだ
(2)すきだそうだ
(3)出発するそうだ
(4)飲み終えたそうだ
(5)なったそうだ

4
(1)かえる
(2)きしゃやぽ
(3)こんや
(4)しっぽ

5
(1) megane (2) kippu
(3) hûsen (4) tyawan
〈fûsen〉 〈chawan〉

## 68 テスト①

136・137ページ

1
(1)動物園・鉄橋
(2)作る・わらう・起きる
(3)少ない・楽しい

※1は、言葉《ことば》のじゅんじょがちがっても正かいです。

2
(1)明るい (2)強い (3)暑い
(4)開ける (5)すてる (6)勝つ

3
(1) 光ら 光っ (2) 進ま 進め
(3) 注ぎ 注い (4) 軽く 軽かっ

4
(1)すてる (2)広い (3)食べる
(4)遠い (5)短い (6)遊ぶ

## 69 テスト②

138・139ページ

1
(1)人 (2)土 (3)水 (4)手 (5)言

2
(1) 上 登 (2) 者 物
(3) 向 港 幸 (4) 神 進 身

3
(1)…文~~商~~章の…。
(2)…~~第~~題名や…。
(3)…~~洋~~羊毛の…。
(4)…~~役~~投げると…。
(5)…ふり~~帰~~返って…。

4
(1)起きる (2)行う (3)直ちに
(4)交わる (5)美しい (6)短く
(7)幸せ (8)整える

## 70 テスト③

140・141ページ

1
(1)それ (2)どれ (3)この (4)どの
(5)そこ (6)あそこ (7)こちら (8)そちら
(9)こんな (10)あんな

2
(1)校庭 (2)ピアノの音
(3)大切なノート

3
(1)ぼくは・書いた
(2)木は・さくらだ
(3)コーヒーが・あつい
(4)えだが・ゆれた

4
(1)ねこ (2)食べた (3)色
(4)そうじする (5)上着

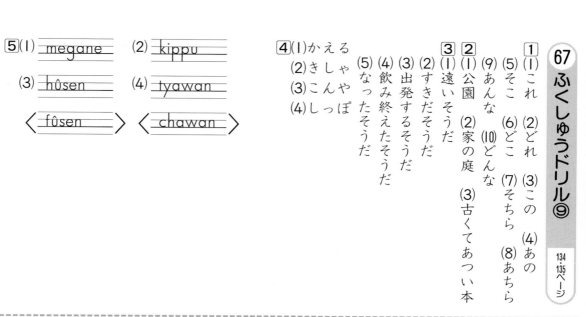

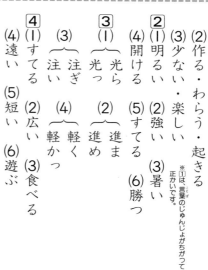